PETER SELMER · HUBERTUS GERSDORF

Die Finanzierung des Rundfunks in der Bundesrepublik Deutschland auf dem Prüfstand des EG-Beihilferegimes

AF884235

Schriften zu Kommunikationsfragen

Band 20

Die Finanzierung des Rundfunks in der Bundesrepublik Deutschland auf dem Prüfstand des EG-Beihilferegimes

Von

Prof. Dr. Peter Selmer
Dr. Hubertus Gersdorf

Duncker & Humblot · Berlin

Die Deutsche Bibliothek – CIP-Einheitsaufnahme

Selmer, Peter:
Die Finanzierung des Rundfunks in der Bundesrepublik Deutschland auf dem Prüfstand des EG-Beihilferegimes / von Peter Selmer ; Hubertus Gersdorf. – Berlin : Duncker und Humblot, 1994
(Schriften zu Kommunikationsfragen ; Bd. 20)
ISBN 3-428-08110-2
NE: Gersdorf, Hubertus:; GT

Alle Rechte vorbehalten
© 1994 Duncker & Humblot GmbH, Berlin
Fotoprint: Berliner Buchdruckerei Union GmbH, Berlin
Printed in Germany

ISSN 0935-4239
ISBN 3-428-08110-2

Inhaltsverzeichnis

A. Einführung

Während die öffentlich-rechtlichen Rundfunkanstalten seit längerem die ständig rückläufigen Einnahmen bei der Wirtschaftswerbung beklagen[1], die zunehmend größere Löcher in ihre Haushalte reißt, weht ihnen nunmehr zusätzlich ein starker Gegenwind aus Brüssel entgegen, der sich zu einem das öffentlich-rechtliche System ins Wanken bringenden Orkan ausweiten könnte[2]. Die Befürchtungen nähren sich aus der bislang noch ungeklärten Rechtsfrage, ob das sich in der Bundesrepublik Deutschland herausgebildete System der Mischfinanzierung des öffentlich-rechtlichen Rundfunks vor dem europäischen Gemeinschaftsrecht Bestand hat. Dabei geht es in erster Linie um die Frage, ob das System der Gebührenfinanzierung der öffentlich-rechtlichen Sendeanstalten mit dem EG-Beihilferegime in Einklang steht. Beschwerden mehrerer privater Rundfunkveranstalter gegen die Modalitäten der Finanzierung konkurrierender öffentlich-rechtlicher oder staatlicher Anstalten aus Frankreich, Italien, Portugal und Spanien haben den Stein ins Rollen gebracht und die Europäische Kommission zum Tätigwerden veranlaßt. Den Anfang machten zwei spanische Fernsehveranstalter im Herbst 1992, die sich mit ihrer Beschwerde bei der Kommission gegen die kumulative Finanzierung der spanischen öffentlich-rechtlichen Fernsehanstalten durch Werbung und staatliche Zuschüsse wehrten. Der spanische öffentlich-rechtliche Rundfunk verfügt über keine eigenen Rundfunkgebühren, sondern finanzierte sich in der Vergangenheit ausschließlich aus den Erlösen der Wirtschaftswerbung. Da die Werbeeinnahmen wegen der durch die private Konkurrenz bewirkten Einnahmerückgänge zur Finanzierung des Sendebetriebes nicht mehr ausreichten, wird der Fehlbetrag nunmehr durch einen unmittelbaren staatlichen Zuschuß ausgeglichen. In einer ersten Stellungnahme hat die Kommission den Standpunkt eingenommen, daß die staatliche Finanzierung durch den öffentlichen Auftrag der Fernsehanstalten gerechtfertigt sei, allerdings unter dem Vorbehalt, daß diese tatsächlich Aufgaben erfüllen, die von den privaten Fernseh-

[1] Vgl. zu der Entwicklung der Nettoumsätze und der Umsatzmarktanteile im Werbefernsehen der öffentlich-rechtlichen und privaten Rundfunkveranstalter in der Zeitspanne von 1985 bis 1993 *W. Hainer*, Media Perspektiven 1994, 54, 55 Abb. 1 und 2.

[2] Vgl. hierzu Süddeutsche Zeitung Nr. 94 vom 25. April 1994, S. 17.

veranstaltern nicht wahrgenommen werden[3]. Es folgten weitere Beschwerden privater Fernsehveranstalter aus Frankreich, Italien und Portugal. Hervorzuheben ist insoweit die von dem französischen Privatsender TF1 bei der Kommission in Brüssel im Frühjahr 1993 eingereichte Beschwerde. In der sorgfältig ausgearbeiteten, umfangreich begründeten und 95 Seiten starken Beschwerdeschrift[4] rügt TF1, daß die beiden Staatssender France 2 und France 3 von finanziellen und organisatorischen Vorteilen profitierten, die den Privatsendern verwehrt seien. France 2 und 3 würden nicht nur aus Rundfunkgebühren und Werbung finanziert, sondern könnten auch noch damit rechnen, daß der Staat ihre Defizite[5] ausgleiche[6].

Diese Entwicklungen lassen es wahrscheinlich erscheinen, daß private Rundfunkveranstalter in der Bundesrepublik Deutschland mit ähnlicher Begründung gegen die Mischfinanzierung des öffentlich-rechtlichen Rundfunks in Brüssel zu Felde ziehen werden. Es besteht daher hinreichend Anlaß, das Finanzierungssystem des Rundfunks in Deutschland aus der Sicht des europäischen Gemeinschaftsrechts einmal näher zu beleuchten. Die folgende Untersuchung beschränkt sich dabei auf das Beihilferegime der Art. 92 ff. EGV. In einem ersten Schritt wird die Finanzierung des Rundfunks in Deutschland in der gebotenen Kürze dargestellt (dazu unter B.). Daran schließt die Überprüfung der Frage an, ob das System der Finanzierung des Rundfunks in Deutschland einer gemeinschaftsrechtlichen Überprüfung am Maßstab der Art. 92 ff. EGV standzuhalten vermag (dazu unter C.). Im letzten Abschnitt werden die zentralen Ergebnisse dieser Untersuchung nochmals thesenhaft zusammengefaßt (dazu unter D.).

---

[3] Vgl. *M. Fröhlinger*, Kurzreferat im Rahmen des BLM-Rundfunkkongresses auf den Medientagen München 1992, Vortragsmanuskript, S. 8.

[4] „PLAINTE DE TF1 AUPRÈS DE LA COMMISSION DES COMMUNAUTÉS EUROPÉENES EN VERTU DES ARTICLES 85, 90 ET 92 DU TRAITÉ“ vom 10. März 1993.

[5] Im Jahre 1991 beliefen sich die Defizite beider Sender auf eine Milliarde Francs, vgl. epd/Kirche und Rundfunk Nr. 41 vom 29. Mai 1993, S. 18.

[6] Vgl. hierzu ausführlich epd/Kirche und Rundfunk Nr. 11 vom 13. Februar 1993, S. 20 und Nr. 41 vom 29. Mai 1993, S. 18.

B. Bestandsaufnahme: Finanzierung des Rundfunks in der dualen Rundfunkordnung der Bundesrepublik Deutschland

Die Festlegung der Finanzierungsmodalitäten für die Veranstaltung von Rundfunkprogrammen ist in erheblichem Umfange durch verfassungsrechtliche Vorgaben geprägt. Bevor der Blick auf die landesrechtlichen Regelungen über die Finanzierung des Rundfunks gelenkt wird, muß daher ihr verfassungsrechtlicher Bedingungsrahmen ausgeleuchtet werden. Im Vordergrund steht dabei die Rechtsprechung des Bundesverfassungsgerichts, das in mehreren rundfunkrechtlichen Entscheidungen eine ausdifferenzierte und ausgefeilte Dogmatik zur grundrechtlich geschützten Rundfunkfreiheit entwickelt hat, deren verfassungsrechtliche Steuerungskraft die Ausgestaltung der Rundfunkordnung in der Bundesrepublik Deutschland maßgebend bestimmt. Diese bundesverfassungsgerichtliche Konzeption des Art. 5 Abs. 1 S. 2 GG und ihr grundrechtstheoretischer Hintergrund können im Rahmen dieser Untersuchung nicht detailgenau entfaltet, geschweige denn einer kritischen Analyse unterworfen werden[7]. Der primär gemeinschaftsrechtliche Zuschnitt der im gegebenen Zusammenhang relevanten Fragestellung läßt eine solche kritische Beurteilung auch als entbehrlich erscheinen. Aus diesem Grunde orientieren sich die nachfolgenden Ausführungen an der Rechtsprechung des Bundesverfassungsgerichts und des von ihm entworfenen Modells der grundrechtlich geschützten Rundfunkfreiheit.

I. Verfassungsrechtlicher Bedingungsrahmen für die Finanzierung des Rundfunks

Nach der Rechtsprechung des Bundesverfassungsgerichts ist der individualrechtliche Kern der Rundfunkfreiheit durch deren objektiv-rechtliche Gewährleistungsschicht überlagert und bis zur Unkenntlichkeit verkürzt[8]. Anders als

---

[7] Zu dem grundrechtstheoretischen Hintergrund dieser Rechtsprechung des Bundesverfassungsgerichts zuletzt ausführlich *H. Gersdorf*, in: C.-E. Eberle/H. Gersdorf, Der grenzüberschreitende Rundfunk im deutschen Recht, S. 31 ff.

[8] Vgl. *H. Gersdorf*, in: C.-E. Eberle/H. Gersdorf, Der grenzüberschreitende Rundfunk im deutschen Recht, S. 33 ff.; kritisch bereits *P. Selmer*, in: G. Ress (Hrsg.), Vorträge, Reden und Berichte aus dem Europainstitut, S. 43, 44.

andere grundrechtliche Freiheitsrechte - so die Lesart des Bundesverfassungsgerichts - ermächtigt die Rundfunkfreiheit „ihren Träger nicht zu beliebigem Gebrauch“[9] oder anders ausgedrückt: zur subjektiven Beliebigkeit; sie werde dem Grundrechtsträger nicht „zum Zweck der Persönlichkeitsentfaltung oder Interessenverfolgung“[10] eingeräumt. „Als dienende Freiheit“[11] werde „sie nicht primär im Interesse der Rundfunkveranstalter, sondern im Interesse freier individueller und öffentlicher Meinungsbildung gewährleistet“[12]. Als Kompensation für diesen Verlust personaler Entfaltungsfreiheit werden dem Träger der Rundfunkfreiheit die Voraussetzungen für die Ausübung dieses Grundrechts vom Staat garantiert. Mit anderen Worten: Der Indienststellung der Rundfunkfreiheit für das Gemeinwohl korreliert die Verpflichtung des Staates, die technischen, organisatorischen, personellen und finanziellen Bedingungen für die Veranstaltung von Rundfunk sicherzustellen. Der funktionalen Ausrichtung des Rundfunks korrespondiert sein Anspruch auf funktionsgerechte Finanzierung[13].

Für die Sicherstellung der funktionsgerechten Finanzierung des Rundfunks hat der (Landes-) Gesetzgeber Sorge zu tragen. Wie der Gesetzgeber dieser verfassungsrechtlichen Pflicht nachkommt, ist grundsätzlich Sache seiner politischen Entscheidung[14]. Der Gesetzgeber besitzt wie bei der Ausgestaltung der Rundfunkordnung im allgemeinen so auch bei der Festlegung der Finanzierungsmodalitäten des Rundfunks im speziellen einen weiten Gestaltungsspielraum. Wie bei der Ausformung der Rundfunkordnung endet seine Gestaltungsfreiheit erst dort, wo die Funktion des Rundfunks, der freien individuellen und öffentlichen Meinungsbildung zu dienen, gefährdet ist[15]. Aus diesem Grunde ist durch Art. 5 Abs. 1 S. 2 GG auch keine bestimmte Finanzierungsart geschützt. Welche Finanzierungsquelle der Gesetzgeber wählt, obliegt grundsätzlich seiner freien Entscheidung. Ausschlaggebend ist allein, daß der Rundfunk über die finanziellen Voraussetzungen verfügt, um seine verfas-

---

[9] BVerfGE 83, 238, 315.

[10] BVerfGE 87, 181, 197.

[11] BVerfGE 57, 295, 319; 83, 238, 295 f.; 87, 181, 197; BVerfG, AfP 1994, 32, 32 f.

[12] BVerfGE 83, 238, 315.

[13] BVerfGE 87, 181, 198; BVerfG, AfP 1994, 32, 33; zur finanziellen Gewährleistungspflicht statt vieler *H. Bethge*, DÖV 1988, 97 ff.; *ders.*, AöR Bd. 116 [1991], 521 ff.; *ders.*, Die Verfassungsrelevanz des föderalen Rundfunkfinanzausgleichs, S. 31 f.; *P. Selmer*, in: G. Ress (Hrsg.), Vorträge, Reden und Berichte aus dem Europainstitut, S. 43, 45 ff.

[14] BVerfGE 83, 238, 310; 87, 181, 198.

[15] BVerfGE 83, 238, 310.

sungsrechtliche Aufgabe erfüllen zu können[16]. Hieraus lassen sich folgende, der Gestaltungsfreiheit des Gesetzgebers Grenzen setzende verfassungsrechtliche Direktiven für die rechtliche Ordnung der Rundfunkfinanzierung ableiten:

Der Gesetzgeber muß die öffentlich-rechtlichen Rundfunkanstalten in die Lage versetzen, ihrer ihnen in der dualen Rundfunkordnung zukommenden Funktion genügen zu können. Aus dem Erfordernis funktionsgerechter Finanzierung des öffentlich-rechtlichen Rundfunks[17] ergeben sich sowohl für die Wahl der Finanzierungs*art* als auch für die Festlegung des Finanzierungs*umfangs* wesentliche verfassungsrechtliche Maßstäbe, die der Ausgestaltungsgesetzgeber zu beachten hat. In der dualen Rundfunkordnung der Bundesrepublik Deutschland obliegt den öffentlich-rechtlichen Rundfunkanstalten wegen ihrer pluralitätsvermittelnden binnenpluralistischen Organisationsstrukturen und vor allem wegen ihrer Gebührenfinanzierung die Grundversorgung der Bevölkerung mit Rundfunkprogrammen[18]. Das System der Gebührenfinanzierung ermöglicht es den öffentlich-rechtlichen Sendeanstalten, ein Rundfunkprogramm zu veranstalten, in dem neben der gegenständlichen Breite aller Programmsparten auch die gleichgewichtige Vielfalt der gesellschaftlichen Meinungen gewährleistet ist, kurzum: ein Programm, das dem „klassischen Auftrag" des Rundfunks entspricht[19]. Mit dieser Funktionszuschreibung wäre ein überwiegend aus Werbeeinnahmen finanzierter öffentlich-rechtlicher Rundfunk unvereinbar, weil von dieser Finanzierungsweise gerade die programm- und vielfaltsverengenden Zwänge ausgehen, die im privaten Rundfunk zu beobachten sind[20]. Mit anderen Worten: Die funktionsgerechte Finanzierung des öffentlich-rechtlichen Rundfunks impliziert seine primäre Gebührenfinanzierung. Neben diese Gebührenfinanzierung können noch weitere Finanzierungsquellen, namentlich Wirtschaftswerbung treten, sofern und solange sichergestellt ist, daß die Einnahmen aus dem Gebührenaufkommen das finanzielle Hauptstandbein des öffentlich-rechtlichen Rundfunks bleiben[21]. Das Bundesverfassungsgericht weist sogar ausdrücklich auf den (staats-) unabhängigkeitsvermittelnden Charakter einer Mischfinanzierung hin, ohne doch diese dabei zu einem Verfassungsgebot avancieren zu lassen[22]. Es betont ausdrücklich, daß der Gesetzgeber von Verfassungs wegen nicht verpflichtet

---

[16] BVerfGE 74, 297, 342; 83, 238, 310; siehe auch BVerfGE 87, 181, 200; BVerfG, AfP 1994, 32, 33.

[17] Zur finanziellen Gewährleistungspflicht statt vieler *H. Bethge*, DÖV 1988, 97 ff.; *ders.*, AöR Bd. 116 [1991], 521 ff.; *ders.*, Die Verfassungsrelevanz des föderalen Rundfunkfinanzausgleichs, S. 31 f. m.w.N.

[18] BVerfGE 73, 118, 155 f.; 74, 297, 324 f.; 83, 238, 311; 87, 181, 199.

[19] BVerfGE 73, 118, 158; 83, 238, 311; 87, 181, 199; BVerfG, AfP 1994, 32, 33.

[20] BVerfGE 83, 238, 311; 87, 181, 199; BVerfG, AfP 1994, 32, 33 f.

[21] BVerfGE 87, 181, 200; BVerfG, AfP 1994, 32, 33 f.

[22] BVerfGE 83, 238, 310 f.; 87, 181, 200; BVerfG, AfP 1994, 32, 33.

sei, den öffentlich-rechtlichen Sendeanstalten Rundfunkwerbung zu ermöglichen[23]. Entscheidend sei allein, daß die Finanzierung der Tätigkeiten der öffentlich-rechtlichen Rundfunkanstalten überhaupt hinreichend gesichert sei[24]. Der Ausschluß von Wirtschaftswerbung im öffentlich-rechtlichen Rundfunk müsse gegebenenfalls durch andere Finanzierungsformen kompensiert werden[25], sofern ansonsten - auch unter Ausschöpfung sämtlicher Einsparungs- und Rationalisierungspotentiale - ein funktionsgerechter Sendebetrieb nicht aufrechterhalten werden könne.

Da sich die finanzielle Garantie nicht auf bestimmte Finanzierungsarten erstreckt, unterfallen auch spezielle Finanzierungssäulen, wie etwa Pay TV, prinzipiell nicht dem Schutzbereich des Art. 5 Abs. 1 S. 2 GG. Verfassungsrechtlich geboten ist ausschließlich die allgemeine Sicherung einer funktionsgerechten Finanzierung der Programme der öffentlich-rechtlichen Rundfunkanstalten[26]. Besondere Probleme ergeben sich aber dann, wenn sich entsprechende programmliche Entfaltungs- und Entwicklungsmöglichkeiten nur bei Erschließung bestimmter Finanzierungsquellen realisieren lassen. Derartige korrelative Zusammenhänge zwischen dem Programmbereich und seiner finanziellen Gewährleistung könnten vor allem bei dem geplanten „video on demand" als der Fernsehtechnik der Zukunft auftreten[27]. Um auch auf dem zukünftigen Fernsehmarkt die Grundversorgung der Bevölkerung erfüllen zu können, müssen die Leistungsangebote der öffentlich-rechtlichen Rundfunkanstalten im PC-Pool der Rezipienten mitaufgenommen werden. Spezifischer Regelungsbedarf ergibt sich in erster Linie für die Frage nach dem Verhältnis dieser Form der Pay-TV-Finanzierung zu den tradierten Finanzierungsarten der öffentlich-rechtlichen Sendeanstalten. Einer Substituierung der Rundfunkgebühren dürfte Verfassungsrecht entgegenstehen, weil sich bei jeder Form einer Pay-TV-Finanzierung dieselben vielfalts- und programmverengenden Tendenzen einstellen, die auch bei der Finanzierung aus Werbeeinnahmen zu ver-

---

[23] BVerfGE 87, 181, 200.

[24] Vgl. BVerfGE 74, 297, 342; 87, 181, 200.

[25] BVerfGE 87, 181, 200; zum Kompensationsprinzip *H. Bethge*, Die Verfassungsrelevanz des föderalen Rundfunkfinanzausgleichs, S. 40 f.; *ders.*, Die Zulässigkeit der zeitlichen Beschränkung der Hörfunkwerbung im NDR, S. 74 f.

[26] BVerfGE 74, 297, 347.

[27] „Video on demand" beruht auf einer Kombination von Fernsehen, Telefon, Kabel und Personal Computer. Der Rezipient kann aus dem TV-Gesamtangebot sein eigenes Fernsehmenü zusammenstellen: Im Gegensatz zu den herkömmlichen Pay-TV-Formen ist der Rezipient nicht mehr auf ein bestimmtes Programm (pay per channel) oder eine bestimmte Sendung (pay per view) beschränkt, sondern kann zwischen den einzelnen Angeboten frei auswählen und die tatsächliche Nutzungszeit selbst bestimmen. Das zu entrichtende Engelt wird dann der tatsächlichen Sehdauer entsprechend, also zeitabschnittsbezogen berechnet.

zeichnen sind. Ein von Pay-TV-Einnahmen abhängiger Rundfunkveranstalter muß seine Programmplanung an den Einschaltquoten ausrichten und vermag daher den verfassungsrechtlichen Anforderungen im Hinblick auf die gebotene gegenständliche und meinungsbezogene Vielfalt nicht zu entsprechen.

Was den Finanzierungs*umfang* anbelangt, so hat der Gesetzgeber den Rundfunkanstalten die Finanzierung derjenigen Programme zu ermöglichen, deren Veranstaltung ihrer spezifischen Funktion nicht nur entspricht, sondern auch zur Wahrung dieser Funktion erforderlich ist[28]. Daher muß der Gesetzgeber zunächst sämtliche Programme der öffentlich-rechtlichen Rundfunkanstalten finanzieren, die zur Erfüllung der Grundversorgung der Bevölkerung unerläßlich sind[29]. Die Finanzierungspflicht geht nach der Rechtsprechung des Bundesverfassungsgerichts jedoch über den Bereich der Grundversorgung hinaus[30] und erstreckt sich auf sämtliche Programme, die zur Wahrnehmung der Funktion des öffentlich-rechtlichen Rundfunks erforderlich sind, was das Gericht für die Regionalprogramme der Landesrundfunkanstalten ausdrücklich bejaht, für deren Lokalprogramme hingegen offengelassen hat[31].

Das verfassungsrechtlich zulässige System der Mischfinanzierung des öffentlich-rechtlichen Rundfunks wirft die Frage auf, ob die aus den jeweiligen Finanzierungsquellen entspringenden Mittel von Verfassungs wegen nur in einer Weise verwendet werden dürfen, die ihrer jeweiligen spezifischen Funktion entsprechen. In diesem Zusammenhang erscheint fraglich, ob das Rundfunkgebührenaufkommen nur für die Finanzierung solcher Programme oder Programmteile eingesetzt werden darf, die sich nicht oder nicht hinreichend aus Werbeeinnahmen finanzieren lassen. Das Bundesverfassungsgericht verneint eine solche Verpflichtung zu einer bereichsspezifischen Verwendung des Gebührenaufkommens. Es sei Sache der öffentlich-rechtlichen Rundfunkanstalten, die verfügbaren Mittel im Rahmen der gesetzlichen Bestimmungen auf einzelne Programme oder Programmsparten zu verteilen[32].

Dem Gesetzgeber sind bei der Festlegung der Finanzierungsmodalitäten auch insoweit Grenzen gesetzt, als es um die Finanzierung des privaten Rundfunks geht. Da auch der private Rundfunk dem Prozeß der privaten und öffentlichen Meinungsbildung zu dienen hat, ihm grundrechtlicher Schutz in erster Linie aufgrund dieser funktionalen Verklammerung zukommt, hat er für die Dauer der medienpolitischen Grundentscheidung des Gesetzgebers zugunsten einer dualen Rundfunkordnung ebenso wie der öffentlich-rechtliche

---

28 Vgl. BVerfGE 74, 297, 342; 87, 181, 202; BVerfG, AfP 1994, 32, 34.

29 Vgl. BVerfGE 73, 118, 158; 74, 297, 324 ff.; 83, 238, 298 und 310; 87, 181, 203.

30 BVerfGE 87, 181, 203.

31 BVerfGE 87, 181, 204.

32 BVerfGE 87, 181, 203; ebenso BVerfG, AfP 1994, 32, 34.

Rundfunk einen Anspruch auf funktionsgerechte Finanzierung. Bereits im Niedersachsen-Urteil hat das Bundesverfassungsgericht zum verfassungsrechtlichen Grundsatz ausgeformt, daß der Gesetzgeber dem privaten Rundfunk keine publizistischen Pflichten auferlegen dürfe, die seine Veranstaltung in hohem Maße erschweren, wenn nicht gar ausschließen würden[33]. Diese allgemeine Aussage hat das Gericht im Nordrhein-Westfalen-Urteil für den Bereich der Rundfunkfinanzierung konkretisiert. Demnach endet die Gestaltungsfreiheit des die Rundfunkordnung ausgestaltenden Gesetzgebers dort, wo der private Rundfunk Bedingungen unterworfen wäre, die ihn erheblich erschwerten oder gar unmöglich machten[34]. Den privaten Rundfunkveranstaltern muß daher von Verfassungs wegen in einem Maße Rundfunkwerbung ermöglicht werden, daß eine hinreichende Finanzierung der Programmdarbietungen gewährleistet ist. Ob der private Rundfunk auch am Rundfunkgebührenaufkommen beteiligt werden dürfte, hat das Gericht offengelassen[35]; demgegenüber hat es eine entsprechende verfassungsrechtliche Verpflichtung zur Gebührenfinanzierung selbst für den Fall ausdrücklich abgelehnt, daß an die Veranstaltung privaten Rundfunks qualifizierte Programmanforderungen gestellt werden, die denen des öffentlich-rechtlichen Rundfunks im wesentlichen entsprechen[36].

II. Einfachgesetzliche Ausgestaltung der Finanzierung des Rundfunks

Die maßgeblichen Regelungen über die Finanzierung des Rundfunks in der Bundesrepublik Deutschland finden sich im Rundfunkstaatsvertrag (RfStV) in seiner novellierten Fassung vom 31. August 1991. In seinem allgemeinen Teil sind die Finanzierungsvorschriften enthalten, die sowohl den öffentlich-rechtlichen als auch den privaten Rundfunk betreffen. Hierzu zählen Regelungen über Werbeinhalte (§ 6 RfStV) und Sponsoring (§ 7 RfStV). Der Großteil der Finanzierungsgrundlagen ist jedoch entspechend der divergierenden verfassungsrechtlichen Funktionsbereiche beider Systeme in jeweils eigenständigen Abschnitten des RfStV gesondert geregelt.

---

33 BVerfGE 73, 118, 157; siehe auch BVerfGE 83, 238, 317.

34 BVerfGE 83, 238, 311.

35 BVerfGE 83, 238, 329; siehe auch BVerfG, AfP 1994, 32, 38.

36 BVerfGE 83, 238, 329; zur Problematik einer Beteiligung privater Rundfunkveranstalter am Rundfunkgebührenaufkommen *P. Selmer/H. Gersdorf*, DVBl. 1992, 79 ff.

1. Finanzierungsgrundlagen des öffentlich-rechtlichen Rundfunks

In Konkretisierung der verfassungsrechtlichen Vorgaben stellt § 10 Abs. 1 RfStV den Grundsatz auf, daß dem öffentlich-rechtlichen Rundfunk eine funktionsgerechte Finanzausstattung zur Verfügung zu stellen ist; sie solle Bestand und Entwicklung des öffentlich-rechtlichen Systems in der dualen Rundfunkordnung insgesamt gewährleisten. Die einzelnen den öffentlich-rechtlichen Rundfunkanstalten zugewiesenen Finanzierungsquellen sind in § 11 RfStV aufgeführt. Nach dieser Vorschrift finanziert sich der öffentlich-rechtliche Rundfunk aus Rundfunkgebühren, Einnahmen aus Wirtschaftswerbung und sonstigen Einnahmen. Vorrangige Finanzierungsquelle ist dabei die Rundfunkgebühr. Mit dieser einfachgesetzlich angeordneten Prävalenz der Rundfunkgebühr gegenüber den sonstigen Finanzierungsmöglichkeiten wird die wirtschaftliche Grundlage dafür geschaffen, daß der öffentlich-rechtliche Rundfunk bei seiner Programmgestaltung nicht von den (partikularen) Interessen der werbetreibenden Wirtschaft bestimmt wird, sondern seiner ihm im dualen Rundfunksystem zukommenden vielfaltsvermittelnden und -sichernden Grundversorgungsaufgabe nachkommen kann. Obwohl § 11 RfStV keinen dem für den privaten Rundfunk geltenden § 25 RfStV entsprechenden Zusatz enthält, daß sich der öffentlich-rechtliche Rundfunk zur Finanzierung seiner Programmdarbietungen auch des Pay TV bedienen darf, fällt auch diese Finanzierungsform unter die „sonstigen Einnahmen" im Sinne des § 11 RfStV und ist damit auch im öffentlich-rechtlichen Rundfunk zulässig[37], solange die dominante Stellung der Rundfunkgebühr innerhalb des Mischfinanzierungssystems unangetastet bleibt.

Trotz mannigfaltiger Forderungen nach Aufhebung oder Lockerung der allein für den öffentlich-rechtlichen Rundfunk geltenden Werbebeschränkungen aus dem Kreise der Rundfunkanstalten[38] hält auch die novellierte Fassung des RfStV an der tageszeitlichen Begrenzung von Werbeausstrahlungen auf die

[37] Vgl. hierzu *A. Hesse*, Rundfunkrecht, S. 133 und Fn. 311; *W. Hoffmann-Riem*, Rundfunkrecht neben Wirtschaftsrecht, S. 119 m.w.N. in Fn. 27.

[38] Vgl. dazu *O. Maier*, Media Perspektiven 1990, 364 ff., der den Standpunkt der ARD zu dieser Frage wiedergibt; siehe auch das gemeinsame Schreiben des damaligen ARD-Vorsitzenden *F. Nowottny* und des ZDF-Intendanten *D. Stolte* an den ehemaligen Vorsitzenden der Ministerpräsidentenkonferenz, H. *Eichel*, vom 24./25. September 1992, in dem sich beide für zusätzliche Werbemöglichkeiten bei Sportveranstaltungen nationalen und internationalen Charakters in der Zeit nach 20.00 Uhr aussprechen, abgedruckt in Media Perspektiven 1992, 195 f.; vgl. zuletzt die Plädoyers für flexiblere Werberegelungen im öffentlich-rechtlichen Rundfunk: *P. Voß*, Media Perspektiven 1994, 50 ff.; *W. Hainer*, Media Perspektiven 1994, 54 ff.; *H. Eichel*, Frankfurter Rundschau Nr. 112 vom 16. Mai 1994, S. 9.

Zeit vor 20.00 Uhr[39] und an der Beschränkung der Werbezeit auf 20 Minuten werktäglich (§ 15 Abs. 1 RfStV) für das Erste Fernsehprogramm der ARD und das Hauptprogramm des ZDF fest. An Sonntagen und im ganzen Bundesgebiet anerkannten Feiertagen dürfen in diesen Programmen Werbesendungen nicht ausgestrahlt werden (§ 15 Abs. 1 S. 3 RfStV). In dem bundesweit verbreiteten Kulturfernsehprogramm 3sat ist Werbung ebensowenig zulässig wie in den dritten Programmen der Landesrundfunkanstalten (§ 15 Abs. 2 RfStV)[40]. Der Verweis in § 15 Abs. 2 S. 2 RfStV stellt klar, daß das Werbeverbot nicht für die Programme gilt, an deren Veranstaltung sich die in der ARD zusammengeschlossenen Landesrundfunkanstalten und das ZDF mit anderen europäischen Rundfunkveranstaltern beteiligen (§ 18 Abs. 4 RfStV). Die Restriktionen bei der Unterbrecherwerbung wurden für den öffentlich-rechtlichen Rundfunk gelockert. Nach § 13 Abs. 3 RfStV dürfen Fernsehsendungen von mehr als 45 Minuten Dauer einmal eine Werbeeinschaltung enthalten. Bei Übertragungen von Sportereignissen, die Pausen enthalten, darf Werbung - abweichend vom 45 Minuten-Zyklus - in den natürlichen Unterbrechungen des Sportereignisses ausgestrahlt werden (§ 13 Abs. 3 RfStV). Teleshopping ist dem öffentlich-rechtlichen Rundfunk gemäß § 17 RfStV auch weiterhin untersagt.

2. *Finanzierungsgrundlagen des privaten Rundfunks*

Der private Rundfunk finanziert sich durch Einnahmen aus Wirtschaftswerbung, durch sonstige Einnahmen, insbesondere durch Entgelte der Teilnehmer (Abonnements oder Einzelentgelte) sowie aus eigenen Mitteln (§ 25 S. 1 RfStV). Da private Rundfunkveranstalter keine Rundfunkgebühren erhalten (§ 25 S. 2 RfStV)[41], dürfen sie in weit höherem Maße als die primär gebührenfinanzierten öffentlich-rechtlichen Rundfunkanstalten Werbung treiben. Damit wird der RfStV seiner verfassungsrechtlichen und in der Präambel niedergelegten Zielsetzung gerecht, den privaten Rundfunkveranstaltern angemessene Finanzierungsquellen zu eröffnen. Für den privaten Rundfunk gilt weder das Werbeverbot an Sonn- und Feiertagen noch eine tageszeitliche Begrenzung. Lediglich der Anteil der Werbung an der täglichen Sendezeit ist festgelegt. Die Dauer der Werbung im privaten Rundfunk darf 20 % nicht übersteigen, diejenige der Spotwerbung muß innerhalb der 15 %- Marge verbleiben (§ 27 Abs. 1 RfStV). Dabei darf in Umsetzung europäischer Regelun-

---

39 Zur Frage, ob die öffentlich-rechtlichen Rundfunkanstalten zur Ausstrahlung von Werbung nach Mitternacht („Vampir-Werbeblöcke") befugt sind, OLG Hamburg, AfP 1992, 383; *H. Gersdorf*, AfP 1992, 338 ff.

40 Zum Werbeverbot in HR 3 BVerfGE 87, 181, 197 ff.

41 Zur rechtlichen Problematik einer Beteiligung privater Rundfunkveranstalter am Rundfunkgebührenaufkommen *P. Selmer/H. Gersdorf*, DVBl. 1992, 79 ff.

gen[42] der Anteil der Spotwerbung innerhalb einer Stunde 20 % nicht überschreiten. Teleshopping ist dem privaten Rundfunk im Gegensatz zu den öffentlich-rechtlichen Rundfunkanstalten gestattet, und zwar bis zu einer Stunde täglich (§ 27 Abs. 3 RfStV).

Die Regelung der Unterbrecherwerbung findet sich in § 26 RfStV. Demnach dürfen Übertragungen von Gottesdiensten sowie Sendungen für Kinder wie beim öffentlich-rechtlichen Rundfunk (§ 13 Abs. 1 RfStV) nicht durch Werbung unterbrochen werden (§ 26 Abs. 1 RfStV). Im übrigen muß zwischen zwei aufeinanderfolgenden Unterbrechungen innerhalb einer Stunde mindestens eine Zeitspanne von 20 Minuten liegen (§ 26 Abs. 3 S. 2 RfStV). Bei Sportveranstaltungen darf Werbung in den natürlichen Unterbrechungen des Sportereignisses gesendet werden (§ 26 Abs. 3 S. 1 RfStV). Für Kinospielfilme und Fernsehfilme gilt, soweit sie länger als 45 Minuten dauern, daß sie nur einmal je vollständigem 45-Minuten-Zeitraum unterbrochen werden dürfen (§ 26 Abs. 4 S. 1 RfStV). Ein 90 Minuten dauernder Spielfilm darf daher nur zweimal unterbrochen werden. Bei Spielfilmen mit einer Dauer von 110 Minuten sind dreimal Unterbrechungen zulässig (§ 26 Abs. 4 S. 2 RfStV). Für Nachrichtensendungen, Sendungen zum politischen Zeitgeschehen, Dokumentarsendungen und Sendungen religiösen Inhalts gilt ein Unterbrecherwerbeverbot, wenn sie kürzer als 30 Minuten sind (§ 26 Abs. 5 RfStV).

3. *Zusammenfassung*

Resümierend lassen sich folgende Grundsätze über die Finanzierung des öffentlich-rechtlichen und privaten Rundfunks herausstellen: Im Rahmen der Mischfinanzierung des öffentlich-rechtlichen Rundfunks stellt die Rundfunkgebühr die vorrangige Finanzierungsquelle dar. Rundfunkwerbung der öffentlich-rechtlichen Sendeanstalten unterliegt im Vergleich zum privaten Rundfunk strengeren Restriktionen. Sie ist beschränkt auf das Erste Fernsehprogramm der ARD und das Hauptprogramm des ZDF, auf 20 Minuten werktäglich limitiert und nach 20.00 Uhr sowie an Sonntagen und im gesamten Bundesgebiet anerkannten Feiertagen unzulässig. Das bundesweit verbreitete kulturelle Fernsehprogramm 3sat und die dritten Fernsehprogramme der Landesrundfunkanstalten sind zur Gänze werbefrei. Demgegenüber finanziert sich der private Rundfunk fast ausschließlich aus Werbeeinnahmen. Als Kompensation für den (einfach-) gesetzlichen Ausschluß vom Rundfunkgebührenaufkommen wird ihm Rundfunkwerbung in weitaus größerem Maße zugebilligt als den öffentlich-rechtlichen Rundfunkanstalten. Der private Rundfunk darf 20% seiner Sendezeit für die Ausstrahlung von Rundfunkwerbung verwenden.

---

[42] Vgl. Art. 18 Abs. 2 der EG-Fernsehrichtlinie (RL); Art. 12 Abs. 2 des Europäischen Übereinkommens über das grenzüberschreitende Fernsehen (ERÜ).

Im Gegensatz zum öffentlich-rechtlichen Rundfunk ist Werbung auch nach 20.00 Uhr sowie an Sonn- und Feiertagen zulässig.

C. Gemeinschaftsrechtliche Überprüfung am Maßstab des EG-Beihilferegimes

Im folgenden soll das Finanzierungssystem des Rundfunks in der Bundesrepublik Deutschland einer gemeinschaftsrechtlichen Überprüfung unterzogen werden. Die Untersuchung wird dabei auf die Vereinbarkeit mit dem EG-Beihilferegime beschränkt. Weitere gemeinschaftsrechtlich relevante Fragestellungen werden nur insoweit behandelt, als dies im Zusammenhang mit den Art. 92 ff. EGV erforderlich ist.

Da der Landesgesetzgeber die Rundfunkgebühr als Finanzierungsform des Rundfunks ausschließlich dem öffentlich-rechtlichen Rundfunk vorbehalten hat, der private Rundfunk also am Rundfunkgebührenaufkommen nicht partizipiert, könnte man in der Gebührenfinanzierung der Sendeanstalten den zentralen Gegenstand der gemeinschaftsrechtlichen Beihilfeüberprüfung erblikken. Der Umstand, daß der öffentlich-rechtliche Rundfunk zur Finanzierung seiner Programmtätigkeit nicht wie der private Rundfunk in erster Linie auf die Einnahmen aus Wirtschaftswerbung verwiesen wird, sondern sich hierzu des Rundfunkgebührenaufkommens bedienen kann, gibt Anlaß zu der Frage, ob diese Form der Privilegierung der Rundfunkanstalten im Vergleich zu den privaten Anbietern mit dem Verbot wettbewerbsverfälschender Beihilfe nach Art. 92 EGV kompatibel ist. Beide Systeme stehen in der dualen Rundfunkordnung im Wettbewerb um Zuschaueranteile und um die Gunst der werbetreibenden Wirtschaft, so daß jede selektive staatliche Begünstigung bestimmter Fernsehveranstalter das auf wettbewerbliche Chancengleichheit bedachte Beihilferegime der Art. 92 ff. EGV auf den Plan ruft. Die der Gebührenfinanzierung implizierte Privilegierung des öffentlich-rechtlichen Rundfunks stellt jedoch nur eine Facette der beihilferechtlichen Gesamtproblematik dar. Denn dem Gebührenprivileg des öffentlich-rechtlichen Rundfunks korrespondieren seine vergleichsweise schlechten Bedingungen bei der Aquisition von Werbekunden. Während dem öffentlich-rechtlichen Rundfunk mit Blick auf sein gebührenrechtliches Standbein erhebliche Werbebeschränkungen auferlegt sind, verfügt der private Rundfunk in diesem wirtschaftlichen Betätigungsfeld über einen ungleich größeren Bewegungsspielraum. Die weitergehende Limitierung von Werbefunk im öffentlich-rechtlichen Rundfunk bezieht ihren spezifischen Sinngehalt unter anderem gerade aus dem notwendigen Schutz der wirtschaftlichen Grundlagen des privaten Rundfunks, der zur Finanzierung seines Leistungsangebots nahezu ausschließlich auf Werbeeinnahmen angewiesen ist.

Gebührenfinanzierung des öffentlich-rechtlichen Rundfunks einerseits und die relativ guten Werbebedingungen des privaten Rundfunks andererseits stehen in einem korrelativen Zusammenhang; beide Elemente bilden das Fundament des Rundfunkfinanzierungssystems in der Bundesrepublik Deutschland. Aus diesem Grunde bedarf es einer die gemeinschaftsrechtliche Optik erweiternden Betrachtungsweise, welche beide Stützsäulen miteinbezieht und im Lichte des EG-Beihilferegimes würdigt[43]. Sofern man die Steuerungskraft des Art. 92 EGV auf die Gebührenfinanzierung des öffentlich-rechtlichen Rundfunks fokussierte, verfehlte man seinen ganzheitlichen Verwirklichungsanspruch. Daher gilt es, im folgenden das Augenmerk auf die Frage zu lenken, ob neben der Gebührenfinanzierung der öffentlich-rechtlichen Rundfunkanstalten umgekehrt auch die Privilegierung des privaten Rundfunks bei der Werbefinanzierung vor den Bestimmungen der Art. 92 ff. EGV Bestand hat.

I. Anwendungsbereich der Art. 92 ff. EGV

Die gemeinschaftsrechtlichen Beihilfevorschriften sind ebenso wie die Grundfreiheiten des EGV nicht sachgebietsbezogen, sondern funktionell konzipiert[44]; ihre imperative Steuerungskraft drängt daher dann auf Verwirklichung, wenn die in ihnen angeordneten tatbestandlichen Voraussetzungen erfüllt sind[45]. Damit erstreckt sich der sachliche Anwendungsbereich der Art. 92 ff. EGV grundsätzlich auf sämtliche Felder staatlicher Förderpolitik, und zwar unabhängig davon, ob es sich dabei um einen Bereich handelt, für den der Gemeinschaft eine Zuständigkeit übertragen worden ist oder nicht[46]; sie gelten für sämtliche Bereiche, für welche die vertraglichen Grundlagen des EGV keine besonderen Regelungen vorsehen[47]. Eine Exemtion kultureller Fördermaßnahmen aus dem universellen Geltungsbereich der gemeinschaftsrechtlichen Beihilfebestimmungen war daher bereits auf der Grundlage des

---

[43] Hierauf weist zu Recht hin *C.-E. Eberle*, Funding the public service broadcasters, Vortragsmanuskript, S. 2.

[44] Zu den funktionellen und sachgebietsbezogenen Kompetenzen der Europäischen Gemeinschaft nach Maßgabe des EWGV und EGV vgl. unten unter C. III. 1., S. 57 ff. und C. III. 2., S. 59 ff.

[45] *G. Ress*, Kultur und Europäischer Binnenmarkt, S. 126.

[46] Vgl. *F.-H. Wenig*, in: H. von der Groeben/J. Thiesing/C.-D. Ehlermann, EWG-Vertrag, Vorb. Art. 92-94 Rdnr. 6; *G. Ress*, Kultur und Europäischer Binnenmarkt, S. 126.

[47] Wie etwa Art. 42 EGV für die Landwirtschaft oder Art. 77, 82 EGV für den Verkehr, vgl. *F.-H. Wenig*, in: H. von der Groeben/J. Thiesing/C.-D. Ehlermann, EWG-Vertrag, Vorb. Art. 92-94, Rdnr. 6.

EWGV nicht möglich[48]. Mit der Neufassung des Beihilferegimes durch den Vertrag über die Gründung der Europäischen Union ist dieser bereits geltende Rechtszustand einer ausdrücklichen Regelung zugeführt worden: aus dem eingefügten fakultativen „Ausnahmetatbestand" des Art. 92 Abs. 3 lit. d) EGV ergibt sich nunmehr eindeutig, daß auch kulturell motivierte Fördermaßnahmen der Unionsstaaten in den sachlichen Anwendungsbereich der Art. 92 ff. EGV fallen[49]. Daher kann der Streit, ob die Materie Rundfunk wegen ihrer kulturellen Dimension von den primär wirtschaftsbezogenen Kompetenzgrundlagen des bislang geltenden EWGV erfaßt war und ob der Europäischen Gemeinschaft eine entsprechende „Rundfunkkompetenz" zustand, im gegebenen Zusammenhang dahingestellt bleiben; eine Frage, der nach der Neufassung der vertraglichen Grundlagen durch den EGV ohnehin nur noch rechtshistorische Bedeutung zukommt[50].

II. Tatbestand des Art. 92 Abs. 1 EGV

Nach Art. 92 Abs. 1 EGV sind staatliche oder aus staatlichen Mitteln gewährte Beihilfen gleich welcher Art, die durch die Begünstigung bestimmter Unternehmen oder Produktionszweige den Wettbewerb verfälschen oder zu verfälschen drohen, mit dem Gemeinsamen Markt unvereinbar. Die Absätze 2 und 3 des Art. 92 EGV begründen weitreichende Ausnahmetatbestände von diesem Beihilfeverbot. Im folgenden werden die in Art. 92 Abs. 1 EGV genannten Tatbestandsvoraussetzungen herausgearbeitet und jeweils gesondert auf das System der Finanzierung des Rundfunks in der Bundesrepublik Deutschland projiziert.

---

48 *G. Ress*, Kultur und Europäischer Binnenmarkt, S. 126; *I. Schwartz*, ZUM 1991, 155, 161 f. m.w.N. für den Bereich der Beihilfen in der Filmwirtschaft.

49 Vgl. G. Ress, DÖV 1992, 944, 954; siehe ferner *K. Bohr/H. Albert*, ZRP 1993, 61, 65, wenngleich mit unüberhörbar kritischem Unterton; a.A. hingegen *A. Hesse*, JZ 1993, 545, 549, der eine Geltungserstreckung der Art. 92 ff. EGV auf das System der Gebührenfinanzierung des öffentlich-rechtlichen Rundfunks ablehnt, dabei jedoch den die Anwendbarkeit des Beihilferegimes auf die Rundfunkgebühr als kulturpolitische Beihilfe implizierenden Art. 92 Abs. 3 lit. d) EGV übersieht (siehe dazu noch unten in Fn. 198).

50 Vgl. dazu unter C. III. 1., S. 57 und C. III. 2., S. 59. Allerdings lebt dieser Streit im Rahmen der Art. 92 ff. EGV bei der Bestimmung des Unternehmensbegriffs wieder auf, vgl. hierzu unter C. II. 3. a), S. 36 ff.

1. Begriff der Beihilfe

Art. 92 EGV erfaßt nur solche staatlichen Maßnahmen, die ihrer Art nach als „Beihilfen" bezeichnet werden können. Eine Legaldefinition des Begriffs der „Beihilfe" fehlt im EGV. Weitgehende Einigkeit besteht darüber, daß der Beihilfebegriff extensiv auszulegen ist[51]. Hierfür spricht neben dem Wortlaut[52] - „Beihilfen gleich welcher Art" - vor allem der Schutzzweck des Art. 92 EGV[53], der sich gegen jede Form staatlich gewährter Begünstigungen richtet, die den Wettbewerb verfälschen und den freien Handel zwischen den Unionsstaaten beeinträchtigen. Die Form sowie Gründe und Ziele der Beihilfe sind daher für die Einordnung der begünstigenden Maßnahme nach Art. 92 EGV unerheblich; maßgeblich ist ausschließlich ihre Wirkung[54].

Lehre und Rechtsprechung haben wiederholt den Versuch unternommen, den Begriff der „Beihilfe" näher zu konturieren. Nach der Rechtsprechung des Europäischen Gerichtshofes fallen unter den Beihilfebegriff sämtliche Maßnahmen, die speziell als Mittel zur Verfolgung bestimmter Ziele dienen, die in der Regel nicht ohne fremde Hilfe erreicht werden könnten. Er umfasse daher nicht nur positive Leistungen in der Gestalt von Subventionen, sondern auch Maßnahmen, die in unterschiedlicher Form die Belastungen vermindern, welche ein Unternehmen normalerweise zu tragen hat[55]. Gleichwohl hat die Rechtsprechung noch keine abschließende Begriffsbestimmung hervorge-

---

[51] *R. Geiger*, EG-Vertrag, Art. 92 Rdnr. 9; *P.-Ch. Müller-Graff*, ZHR Bd. 152 [1988], 403, 415 f.; *G. Nicolaysen*, in: B. Börner/K. Neundörfer (Hrsg.), Recht und Praxis der Beihilfe im Gemeinsamen Markt, S. 111, 129; *Th. Oppermann*, Europarecht, Rdnr. 983; *H.-W. Rengeling*, in: B. Börner/K. Neundörfer (Hrsg.), a.a.O., S. 23, 26; *G. Ress*, Kultur und Europäischer Binnenmarkt, S. 127; *G. v. Wallenberg*, in: E. Grabitz (Hrsg.), EWG-Vertrag, Art. 92 Rdnr. 5; *F.-H. Wenig*, in: H. von der Groeben/J. Thiesing/C.-D. Ehlermann, EWG-Vertrag, Art. 92 Rdnr. 2.

[52] *R. Geiger*, EG-Vertrag, Art. 92 Rdnr. 9; *Th. Oppermann*, Europarecht, Rdnr. 983; *H.-W. Rengeling*, in: B. Börner/K. Neundörfer (Hrsg.), Recht und Praxis der Beihilfe im Gemeinsamen Markt, S. 23, 26; *G. Ress*, Kultur und Europäischer Binnenmarkt, S. 126; *G. v. Wallenberg*, in: Grabitz (Hrsg.), EWG-Vertrag, Art. 92 Rdnr. 5.

[53] *Th. Oppermann*, Europarecht, Rdnr. 983; *F.-H. Wenig*, in: H. von der Groeben/J. Thiesing/C.-D. Ehlermann, EWG-Vertrag, Art. 92 Rdnr. 2.

[54] EuGH - Italien/Kommission, Slg. 1974, 709, 718; seitdem st. Rspr., vgl. noch EuGH - Deufil, Slg. 1986, 901, 924; siehe ferner *P.-Ch. Müller- Graff*, ZHR Bd. 152 [1988], 403, 416; *Th. Oppermann*, Europarecht, Rdnr. 987; *G. Ress*, Kultur und Europäischer Binnenmarkt, S. 128 m.w.N. in Fn. 404; *G. v. Wallenberg*, in: Grabitz (Hrsg.), EWG-Vertrag, Art. 92 Rdnr. 6; *F.-H. Wenig*, in: H. von der Groeben/J. Thiesing/C.-D. Ehlermann, EWG-Vertrag, Art. 92 Rdnr. 2; zum potentiellen Beihilfecharakter (para-) fiskalischer Abgabensysteme vgl. bereits *P. Selmer*, Steuerinterventionismus und Verfassungsrecht, S. 375, 385 ff.; *ders.*, DStZ/A 1975, 396, 398 ff.

[55] So in bezug auf Art. 4c EGKSV EuGH - Steenkolenmijnen, Slg. 1961, 1, 43.

bracht. Im Schrifttum lassen sich sogar vereinzelt Stimmen finden, die auf eine Definition des Beihilfebegriffes verzichten[56]. Obgleich es nicht unerhebliche Schwierigkeiten bereitet, den Begriffskern der „Beihilfe“ in eine allgemeinverbindliche und gleichsam subsumtionsfähige Façon zu bringen, lassen sich dennoch die den Begriff tragenden Wesenselemente ausweisen.

a) Begünstigungselement

Art. 92 Abs. 1 EGV erklärt die „Begünstigung“ von Unternehmen oder Produktionszweigen zum maßgeblichen Bestimmungsmerkmal des Beihilfebegriffs. Diese sachgegenständliche Einengung der beihilferechtlich relevanten Vorgänge auf Maßnahmen mit begünstigendem Effekt ist aus der Gesamtintention des Beihilferegimes nicht ohne weiteres verständlich; denn neben Begünstigungen können auch Formen selektiver Belastungen zu Verfälschungen des Wettbewerbs innerhalb des Gemeinsamen Marktes führen und damit den Verwirklichungsanspruch des auf den Schutz privatautonom gesteuerter wirtschaftlicher Abläufe gerichteten Beihilferechts auslösen[57]. Hält man sich allerdings vor Augen, daß eine hoheitlich veranlaßte Begünstigung bestimmter Unternehmen in einer auf Wettbewerb angelegten Wirtschaftsordnung regelmäßig zu einer - das Beihilferecht aktivierenden - mittelbaren Begünstigung der konkurrierenden Wirtschaftssubjekte führt, verliert der Vorwurf einer systeminkonsistenten Verkürzung der normativen Anknüpfungsmerkmale seine Grundlage.

Zur Feststellung des dem Beihilfebegriff immanenten Begünstigungselements bedarf es eines dem Normziel entsprechenden Vergleichsmaßstabes. Die Verbesserung der Kostenlage, die fehlende Gegenleistung[58] oder die Unentgeltlichkeit[59] erweisen sich insofern als nicht hinreichend leistungsfähige Abgrenzungskriterien[60], weil es jedem Unternehmen unbenommen bleibt, auch aus den Geschäften mit der öffentlichen Hand den bestmöglichen Vorteil zu ziehen und damit seine Kostenlage zu verbessern[61]. Das beihilferechtlich relevante Begünstigungselement läßt sich vielmehr nur im Wege einer markt-

---

[56] *G. v. Wallenberg*, in: Grabitz (Hrsg.), EWG-Vertrag, Art. 92 Rdnr. 5 m.w.N.

[57] *P.-Ch. Müller- Graff*, ZHR Bd. 152 [1988], 403, 417.

[58] Vgl. *G. v. Wallenberg*, in: Grabitz (Hrsg.), EWG-Vertrag, Art. 92 Rdnr. 7.

[59] Vgl. *F.-H. Wenig*, in: H. von der Groeben/J. Thiesing/C.-D. Ehlermann, EWG-Vertrag, Art. 92 Rdnr. 5.

[60] Kritisch gegenüber solchen Simplifizierungsversuchen *P.-Ch. Müller-Graff*, ZHR Bd. 152 [1988], 403, 418; *G. Nicolaysen*, in: B. Börner/K. Neundörfer (Hrsg.), Recht und Praxis der Beihilfe im Gemeinsamen Markt, S. 111, 129; H.-W. Rengeling, in: B. Börner/K. Neundörfer (Hrsg.), a.a.O., S. 23, 28.

[61] *P.-Ch. Müller-Graff*, ZHR Bd. 152 [1988], 403, 418.

bezogenen Bewertung bestimmen. Es muß sich um eine Begünstigung handeln, der keine marktgerechte Gegenleistung des Begünstigten korrespondiert[62]. Es sind Maßnahmen, die der Verwirklichung solcher Ziele dienen, die in der Regel nicht ohne fremde Hilfe erreicht werden könnten, weil dies mit den kaufmännischen Grundsätzen der Wirtschaftlichkeit nicht vereinbar wäre. Mit anderen Worten: Hoheitliche Maßnahmen sind dann als begünstigend im Sinne des Art. 92 Abs. 1 EGV einzustufen, wenn ihre vorteilsvermittelnden Effekte für den Nutznießer zum Maßnahmezeitpunkt am Markt nicht oder nur zu ungünstigeren Konditionen erlangbar gewesen wären[63].

Unter Zugrundelegung dieser Grundsätze erfüllt das System der Gebührenfinanzierung des öffentlich-rechtlichen Rundfunks in der Bundesrepublik Deutschland die Voraussetzungen für das beihilferechtlich relevante Begünstigungselement. Die Privilegierung beruht bei Lichte betrachtet auf zwei voneinander zu unterscheidenden Fördersträngen. Der *erste* Förderstrang liegt in den Einnahmen, welche durch die zwangsweise Heranziehung der Rezipienten für die Bereitstellung eines Rundfunkempfangsgerätes erzielt werden. Die Rundfunkgebühr soll den öffentlich-rechtlichen Sendeanstalten zu einer Programmgestaltung verhelfen, die nicht in erster Linie dem Diktat der Einschaltquoten unterworfen ist, sondern dem verfassungsrechtlichen Ziel einer umfassenden Berichterstattung durch den Rundfunk dient, welche die gesamte Breite gegenständlicher und meinungsbezogener Vielfalt umfaßt, also auch solche Programmelemente aufweist, die bei einer auf den Marktgesetzen beruhenden Finanzierungsweise nicht oder nur verkürzt zur Geltung gelangten. Anders gewendet: Die Gebührenfinanzierung gewährleistet ein umfassendes und ausgewogenes Leistungsangebot, das nach den reichweitenzentrierten Lebensgesetzen des Marktes keinen Bestand haben könnte. Die teilweise im Bereiche des werbefinanzierten privaten Rundfunks zu verzeichnenden, von missionarischem Eifer beseelten Versuche, sich diesen Eigengesetzlichkeiten des Marktes entgegenzustellen und dem umfassenden Informationsauftrag des Rundfunks zu entsprechen, fanden regelmäßig, den wirtschaftlichen Notwendigkeiten Tribut zollend, ein rasches Ende. Gegen den Begünstigungscharakter der Rundfunkgebühr läßt sich schließlich auch nicht anführen, daß ihr die Verpflichtung der Rundfunkanstalten zur Grundversorgung der Bevölkerung mit Rundfunkprogrammen korreliert. Denn entscheidend für Art. 92 Abs. 1 EGV ist nicht die Gegenleistung als solche, sondern ihr nichtmarktgerechter Wesenszug. Dementsprechend hat der Europäische Gerichtshof die staatliche Übernahme von Arbeitgeberbeiträgen zur Sozialversicherung in der Textil- und Bekleidungsindustrie auch insoweit als Beihilfe klassifiziert, als sich im

---

[62] *R. Geiger*, EG-Vertrag, Art. 92 Rdnr. 10; *P.-Ch. Müller-Graff*, ZHR Bd. 152 [1988], 403, 418: „marktrelative Günstigkeit".

[63] So *P.-Ch. Müller-Graff*, ZHR Bd. 152 [1988], 403, 418.

Gegenzug die Arbeitgeber zur Schaffung und Erhaltung von Arbeitsplätzen verpflichtet hatten[64]; denn für diese Bedingung sind auf dem freien Markt in der Regel keine finanziellen Mittel realisierbar[65]. Ebensowenig lassen sich sämtliche zur Grundversorgung zählenden Programme aus Werbeeinnahmen oder durch Pay TV finanzieren, weil sie keine zu ihrer Finanzierung erforderlichen Reichweiten aufweisen und zudem - wie namentlich kulturell anspruchsvolle Sendungen - besonders kostenintensiv sind. Da die Marktkräfte als solche keinen Rundfunk hervorzubringen in der Lage sind, der den Anforderungen des Art. 5 Abs. 1 S. 2 GG zu entsprechen vermag, kann in der auf der Gebührenfinanzierung beruhenden Grundversorgung durch die öffentlich-rechtlichen Rundfunkanstalten auch keine marktübliche Gegenleistung erblickt werden. Der *zweite* Förderstrang findet seinen Ursprung in dem Ausschluß des privaten Rundfunks von dem Rundfunkgebührenaufkommen (§ 25 S. 2 RfStV). Er verhindert, daß einzelne private Veranstalter zur Finanzierung ihrer Programmdarbietungen ergänzend oder vollständig auf das Gebührenaufkommen zurückgreifen können, und zwar auch dann, wenn es um solche Programme oder Programmteile geht, die sich nicht oder nicht hinreichend aus Erlösen der Wirtschaftswerbung oder durch spezielle Entgelte finanzieren lassen. Damit wird der öffentlich-rechtliche Rundfunk in diesem Bereich der Programmgestaltung faktisch von der Konkurrenz durch private Anbieter freigestellt. Seine Wettbewerbschancen auf dem Programmbeschaffungs- und -verwertungsmarkt für qualitativ anspruchsvollere Produktionen und sonstige Ressourcen werden nachhaltig verbessert. Hierin liegt eine über die in der Gebührenfinanzierung liegende Privilegierung hinausgehende Form der Begünstigung der öffentlich-rechtlichen Sendeanstalten. Sie muß daher der gesonderten gemeinschaftsrechtlichen Überprüfung am Maßstab des EG-Beihilferechts unterzogen werden.

Doch auch die ungleich besseren Konditionen des privaten Rundfunks im Verhältnis zum öffentlich-rechtlichen System bei der Finanzierung aus Wirtschaftswerbung stellen sich als beihilferechtlich erhebliche Begünstigung dar. Zwar geht es bei der Werbefinanzierung im Gegensatz zur Finanzierung aus Rundfunkgebühren nicht um eine von den Marktkräften abgekoppelte wirtschaftliche Absicherung der Programmdarbietungen. Der private Rundfunk kann von der werbetreibenden Wirtschaft für die Zurverfügungstellung von Sendezeit nur die auf dem freien Markt durchzusetzenden Preise verlangen. Sein werbefinanziertes Programmangebot ist genuin eine spezifisch marktgerechte Leistung. Die interventionistische Wirkung der Werbeprivilegierung wird erst sichtbar, wenn man den öffentlich-rechtlichen Rundfunk in die Analyse miteinbezieht. Beide Systeme stehen in einem Konkurrenzverhältnis um

---

[64] Vgl. EuGH - Kommission/Frankreich, Slg. 1983, 2621, 2625.

[65] So *P.-Ch. Müller-Graff*, ZHR Bd. 152 [1988], 403, 418.

die Gunst der Zuschauer, vor allem soweit es um die Befriedigung des Bedarfs der auf Zerstreuung und Unterhaltung bedachten Rundfunkteilnehmer geht. Indem der staatliche Gesetzgeber die Werbekonditionen des öffentlich-rechtlichen Rundfunks einschränkt, verschlechtert er damit zugleich auch die Ausweichmöglichkeiten der werbetreibenden Industrie und verbessert damit die Chancen privater Anbieter, ihre Werbepreise auf dem freien Markt durchsetzen zu können. Der Schutz vor lästiger Konkurrenz durch die öffentlich-rechtlichen Sendeanstalten führt dazu, daß der private Rundfunk Werbeerlöse erzielen kann, die nicht oder zumindest nicht in dieser Höhe auf einem von staatlichen Interventionen ungestörten, auf gleichen Wettbewerbskonstellationen beruhenden Werbemarkt erreichbar wären. Die Preisstruktur für die Ausstrahlung von Wirtschaftswerbung ist zugunsten des privaten Rundfunks und seiner Finanzierungsgrundlagen verfälscht, mit anderen Worten: nicht marktgerecht. Dem privaten Rundfunk werden im Verhältnis zum öffentlich-rechtlichen Rundfunk ungleich bessere Werbekonditionen eingeräumt, um seine ihm im dualen Rundfunksystem zukommende Aufgabe und damit die medienpolitischen Zielsetzungen des die Rundfunkordnung ausgestaltenden Gesetzgebers erfüllen zu können. Insoweit gilt also nichts anderes als für den - beihilferechtlich unstreitig erheblichen - Fall, daß Unionsstaaten ihre bestimmten wirtschafts- oder sozialpolitischen Ziele dadurch durchzusetzen versuchen, daß sie Unternehmen oder anderen Rechtssubjekten einseitig Mittel zur Verfügung stellen oder sonstige Vorteile gewähren, die der Verwirklichung dieser wirtschafts- oder sozialpolitischen Ziele dienen sollen[66]. Die Privilegierung des privaten Rundfunks bei der Finanzierung aus Werbung erfüllt damit den Tatbestand der beihilferechtlich relevanten Begünstigung.

b) Freiwilligkeitselement

Als konstitutives Element für die Beihilfeeigenschaft gilt weiter die Freiwilligkeit der Begünstigung[67]. Dieses in Art. 92 EGV nicht ausdrücklich erwähnte, dem Beihilfebegriff aber gleichwohl wesensimmanente Erfordernis ergibt sich aus dem Umstand, daß die Erfüllung einer rechtlichen Verpflichtung keine Hilfe, sondern eine Rechtspflicht ist. Deshalb hat der Europäische Gerichtshof zu Recht die Beihilfeeigenschaft der Rückerstattung von zu Unrecht erhobenen Gebühren durch staatliche Behörden[68] oder Schadensersatzleistun-

---

[66] EuGH - Denkavit Italiana, Slg. 1980, 1205; siehe ferner *F.-H. Wenig*, in: H. von der Groeben/J. Thiesing/C.-D. Ehlermann, EWG-Vertrag , Art. 92 Rdnr. 4.

[67] Vgl. etwa *P.-Ch. Müller-Graff*, ZHR Bd. 152 [1988], 403, 423; *G. v. Wallenberg*, in: Grabitz (Hrsg.), EWG-Vertrag, Art. 92 Rdnr. 7; *F.-H. Wenig*, in: H. von der Groeben/J. Thiesing/C.-D. Ehlermann, EWG-Vertrag, Art. 92 Rdnr. 5.

[68] EuGH - Denkavit Italiana, Slg. 1980, 1205, 1228; EuGH - Ariete, Slg. 1980, 2545, 2555; EuGH - MIRECO, Slg. 1980, 2559, 2575.

gen zur Wiedergutmachung einer von staatlichen Stellen verursachten Schädigung[69] verneint. Fraglich ist jedoch, ob der Bezugsmaßstab für die Feststellung der Freiwilligkeit dem innerstaatlichen Recht oder aber dem europäischen Gemeinschaftsrecht einschließlich seiner allgemeinen Rechtsgrundsätze zu entnehmen ist. Dieser Frage kommt im gegebenen Zusammenhang deswegen maßgebliche Bedeutung zu, weil die Festlegung der finanziellen Rahmenbedingungen für die Veranstaltung von Rundfunk in der Bundesrepublik in nicht unerheblichem Umfange durch die Steuerungskraft der verfassungsgerichtlichen Vorgaben determiniert ist; insbesondere das Primat der Rundfunkgebühren im Rahmen des Mischfinanzierungssystems für den öffentlich-rechtlichen Rundfunk ist unerläßliche Voraussetzung für die von Verfassungs wegen gebotene umfassende Informationspflicht des Rundfunks und aus diesem Grunde der Disposition des Rundfunkgesetzgebers von vornherein entzogen.

Die hier aufgeworfene Frage läßt sich nur im Lichte der den Beihilfevorschriften zugrundeliegenden Gesamtkonzeption erschließen. Art. 92 ff. EGV bezwecken, den innergemeinschaftlichen Handelsverkehr vor Verfälschungen durch die Unionsstaaten zu schützen. Diesem Schutzzweck kann wirksam nur dann entsprochen werden, wenn der Beihilfebegriff ohne Rücksicht auf die Rechtsordnungen der Unionsstaaten und deren Besonderheiten allein unter gemeinschaftsrechtlichen Kriterien bestimmt wird. Könnten sich nationale Besonderheiten Eingang in die Auslegung der beihilferechtlichen Tatbestandsvoraussetzungen verschaffen, wären der Verbindlichkeitsanspruch des Gemeinschaftsrecht und dessen Vorrang vor dem Recht der Unionsstaaten in ihren Fundamenten erschüttert. Es läge dann in der Hand der Mitgliedstaaten, durch Schaffung von entsprechenden (verfassungs-) rechtlichen Verpflichtungen bestimmte Fördermaßnahmen zugunsten einzelner Unternehmen oder Produktionszweige dem Zugriff der beihilferechtlichen Vorschriften und ihrer Sanktionsinstrumentarien zu entziehen. Im Ergebnis ist daher festzuhalten, daß das Kriterium der Freiwilligkeit der Begünstigung keinen Anlaß zur Korrektur des bislang gefundenen Ergebnisses gibt. Sowohl das Gebührenprivileg des öffentlich-rechtlichen Rundfunks als auch die Begünstigung privater Anbieter im Bereiche der Finanzierung aus Werbeeinnahmen stellen beihilferechtlich erhebliche Begünstigungsmaßnahmen dar.

2. Herkunft der Beihilfe: staatlich oder aus staatlichen Mitteln

Art. 92 Abs. 1 EGV ist nur auf staatliche und aus staatlichen Mitteln gewährte Beihilfen anwendbar. Die Wendung „aus staatlichen Mitteln gewährte

---

[69] *F.-H. Wenig*, in: H. von der Groeben/J. Thiesing/C.-D. Ehlermann, EWG-Vertrag, Art. 92 Rdnr. 5.

Beihilfen" ist weiter als der Begriff der „staatlichen Beihilfe"[70]. Wegen der übereinstimmenden Rechtsfolge erübrigt sich letztlich eine genauere Abgrenzung beider Begriffe[71]. Beide Alternativen erstrecken sich auf sämtliche Formen von Förderungsmaßnahmen staatlichen Ursprungs[72]. Art. 92 EGV vermittelt die staatliche Zurechenbarkeit für jede Art der Beihilfegewährung, die mit staatlichen Stellen oder Finanzmitteln in Zusammenhang gebracht werden kann[73]. Aus diesem Grunde erfaßt Art. 92 EGV nicht nur Beihilfen des Bundes, sondern auch solche der Länder[74] sowie der unterstaatlichen kommunalen Gebietskörperschaften, weil diese finanziellen Fördermaßnahmen der Bundesrepublik Deutschland als Mitgliedstaat der Europäischen Union zurechenbar sind[75]. Es ist Sache der Mitgliedstaaten, die Geltung des Gemeinschaftsrechts gegenüber seinen (teil-) autonomen Verwaltungsträgern durchzusetzen[76].

Das Erfordernis der staatlichen Zurechenbarkeit schließt es aus, Art. 92 EGV auf private Fördermaßnahmen auszudehnen. Die von privater Seite, von Unternehmen, Unternehmensverbänden, privatrechtlichen Vereinen, Stiftungen oder Einzelpersonen erbrachten Leistungen fallen grundsätzlich nicht unter den Beihilfebegriff[77]. Sie sind Ausdruck ihrer privatautonomen Gestaltungsfreiheit und vermögen deshalb nicht mit dem Normziel des Art. 92 EGV zu kollidieren, das auf dem Schutz des privatautonomen Selbstlaufs des Marktsystems beruht. Allerdings ist jeweils gesondert zu untersuchen, ob die betreffenden privaten Subsidien freiwillig oder aber kraft besonderer staatli-

---

[70] EuGH - BALM, Slg. 1982, 3583, 3602; *G. v. Wallenberg*, in: Grabitz (Hrsg.), EWG-Vertrag, Art. 92 Rdnr. 17; *F.-H. Wenig*, in: H. von der Groeben/J. Thiesing/C.-D. Ehlermann, EWG-Vertrag, Art. 92 Rdnr. 8.

[71] EuGH - Deutschland/Kommission, Slg. 1987, 4013, 4041; EuGH - van der Krooy, Slg. 1988, 219, 272; EuGH - Griechenland/Kommission, Slg. 1988, 2855, 2872; EuGH - Italien/Kommission, Slg. I 1991, 1433, 1474; *G. v. Wallenberg*, in: Grabitz (Hrsg.), EWG-Vertrag, Art. 92 Rdnr. 17.

[72] *P.-Ch. Müller-Graff*, ZHR Bd. 152 [1988], 403, 412 ff.; *G. Ress*, Kultur und Europäischer Binnenmarkt, S. 128 f.

[73] *F.-H. Wenig*, in: H. von der Groeben/J. Thiesing/C.-D. Ehlermann, EWG-Vertrag, Art. 92 Rdnr. 8.

[74] EuGH - Deutschland/Kommission, Slg. 1987, 4013, 4039; *G. Ress*, Kultur und Europäischer Binnenmarkt, S. 129; *G. v. Wallenberg*, in: Grabitz (Hrsg.), EWG-Vertrag, Art. 92 Rdnr. 16.

[75] *F.-H. Wenig*, in: H. von der Groeben/J. Thiesing/C.-D. Ehlermann, EWG-Vertrag, Art. 92 Rdnr. 8.

[76] Vgl. EuGH - Deutschland/Kommission, Slg. 1987, 4013.

[77] Vgl. statt aller *P.-Ch. Müller-Graff*, ZHR Bd. 152 [1988], 403, 412; *G. Ress*, Kultur und Europäischer Binnenmarkt, S. 129; *F.-H. Wenig*, in: H. von der Groeben/J. Thiesing/C.-D. Ehlermann, EWG-Vertrag, Art. 92 Rdnr. 9. Die obigen Feststellungen gelten naturgemäß unbeschadet besonders zu beurteilender staatlicher Leistungen im Rahmen des sogenannten Verwaltungsprivatrechts.

cher Anordnungen erbracht werden. Von einer staatlichen Beihilfe ist daher auszugehen, wenn die zu verteilenden Finanzmittel der sonstigen Zuwendungen nicht freiwillig erbracht werden, sondern auf Zwangsbeiträgen oder anderen zweckgebundenen Abgaben beruhen. Die der Erhebung parafiskalischer Abgaben zugrundeliegende Ermächtigungsnorm begründet den beihilferechtlich relevanten Akt staatlicher Zurechenbarkeit[78]; die parafiskalische Umverteilung über Ausgleichs- und Unterstützungskassen ist der Umverteilung über den Haushalt gleichgestellt[79].

Unter Zugrundelegung dieser Maßstäbe bestehen an der Qualifizierung der Rundfunkgebühren als eine aus „staatlichen Mitteln" gewährte Beihilfe keine Zweifel. Denn die Rundfunkgebühr wird zwangsweise von sämtlichen Personen erhoben, die ein Rundfunkempfangsgerät bereithalten (§ 11 Abs. 2 RfStV). Die Leistungspflicht besteht ohne Rücksicht auf die Nutzungsgewohnheiten der einzelnen Empfänger und knüpft allein an den Empfängerstatus an, der durch den Besitz eines Empfangsgeräts vermittelt wird[80]. Die Gebührenfinanzierung des öffentlich-rechtlichen Rundfunks beruht also nicht - wie bei der Finanzierung aus Pay TV - auf freiwilligen Leistungen, sondern erfolgt durch gesetzlich angeordnete, zwangsweise Heranziehung der Rezipienten[81]. An der staatlichen Zurechenbarkeit dieser Zwangsfinanzierung des gemeinwohlorientierten öffentlich-rechtlichen Rundfunks änderte sich auch dann nichts, wenn die Rundfunkgebühren in Zukunft nicht mehr - wie bislang -

---

[78] EuGH - Italien/Kommission, Slg. 1974, 709, 719 f.; siehe auch EuGH - Frankreich/Kommission, Slg. 1970, 487, 496; vgl. aus dem Schrifttum: *D. Lefèvre*, Staatliche Ausfuhrförderung und das Verbot wettbewerbsverfälschender Beihilfen im EWG-Vertrag, S. 117 f.; *P.-Ch. Müller-Graff*, ZHR Bd. 152 [1988], 403, 414; *W. Keßler*, Die Filmwirtschaft im Gemeinsamen Markt, S. 202; *G. Ress*, Kultur und Europäischer Binnenmarkt, S. 130; *P. Selmer*, Steuerinterventionismus und Verfassungsrecht, S. 375, 385 ff.; *F.-H. Wenig*, in: H. von der Groeben/J. Thiesing/C.-D. Ehlermann, EWG-Vertrag, Art. 92 Rdnr. 9.

[79] Deutlich EuGH - Italien/Kommission, Slg. 1974, 709, 719 f.: „Da die fraglichen Fonds nach innerstaatlichen Rechtsvorschriften durch Zwangsbeiträge gespeist werden und ... gemäß diesen Rechtsvorschriften verwaltet und verteilt werden, sind sie als staatliche Mittel im Sinne des Artikel 92 zu betrachten, selbst wenn ihre Verwaltung nichtstaatlichen Organen anvertraut wäre"; siehe ferner *R. Geiger*, EG-Vertrag, Art. 92 Rdnr. 13; *P.-Ch. Müller-Graff*, ZHR Bd. 152 [1988], 403, 423; *M. Seidel*, in: B. Börner/K. Neundörfer (Hrsg.), Recht und Praxis der Beihilfe im Gemeinsamen Markt, S. 55, 64; *G. Ress*, Kultur und Europäischer Binnenmarkt, S. 129.

[80] BVerfG, AfP 1994, 32, 33 und 37.

[81] Dies übersieht *C.-E. Eberle*, Funding the public service broadcasters, Vortragsmanuskript, S. 2, insoweit, als er mit folgender Begründung die Beihilfeeigenschaft der deutschen Rundfunkgebühr verneint: „Licence-fee is paid by the individual viewer and listener. The payment is considered as the right and possibility to receive the programme of the public service broadcasters".

durch die Parlamente der einzelnen Bundesländer, sondern durch eine hierzu kraft Delegation ermächtigte - nichtstaatliche - Stelle festgesetzt werden sollten, was das Bundesverfassungsgericht in seiner Rundfunkgebührenentscheidung zwar nicht als einzige, gleichwohl aber als eine Form zulässiger gesetzlicher Ausgestaltung der Finanzierungsordnung bezeichnet hat[82]; denn auch in diesem Fall bliebe der staatlich veranlaßte Zwangscharakter der Rundfunkgebühren unberührt.

Ein entsprechender Ableitungszusammenhang besteht auch für die Werbemodalitäten des privaten Rundfunks. Die gesetzlichen Bestimmungen gewähren dem privaten Rundfunk bei der Finanzierung aus Werbeeinnahmen einen ungleich größeren Bewegungsspielaum. Diese gesetzgeberische Privilegierung des privaten Rundfunks begründet die nach Art. 92 EGV erforderliche staatliche Zurechenbarkeit der begünstigenden Maßnahme.

Besondere Schwierigkeiten bereitet im gegebenen Zusammenhang das Erfordernis, daß der von der leistenden Stelle gewährte Vorteil aus Mitteln des Mitgliedstaates erbracht werden, d.h. zu Lasten des Haushalts der Mitgliedstaaten oder sonstiger staatlicher Hoheitsträger erfolgen muß. Dieses Kriterium öffentlicher Mittelbelastung ist freilich in einem weiten Sinne zu verstehen. Erfaßt sind nicht nur sämtliche vermögenswirksame positive Leistungen, sondern auch Entscheidungen, mit denen in ökonomisch nicht zu rechtfertigender Weise auf Einnahmen, etwa auf eine marktübliche Vergütung, verzichtet wird[83]. Gleichwohl wirft dieses Beihilfemerkmal erhebliche Abgrenzungsprobleme auf[84]. Die Rechtsprechung des Europäischen Gerichtshofes ist insoweit nicht frei von Widersprüchen. So hat der Gerichtshof die Festsetzung von Mindestpreisen im Einzelhandel mit dem Ziel, die Verkäufer zu Lasten der Abkäufer zu begünstigen, nicht als staatliche Beihilfe deklariert, weil die Vorteile dieses Eingriffs in die freie Preisbildung weder unmittelbar noch mittelbar aus staatlichen Mitteln stammten oder zu staatlichen Einnahmeverlusten führten[85]. Demgegenüber soll eine Abgabe, die auf den Verkauf einheimischer

---

[82] BVerfG, AfP 1994, 32, 37.

[83] *P.-Ch. Müller-Graff*, ZHR Bd. 152 [1988], 403, 424 f.; *M. Seidel*, in: B. Börner/K. Neundörfer (Hrsg.), Recht und Praxis der Beihilfe im Gemeinsamen Markt, S. 55, 64; *F.-H. Wenig*, in: H. von der Groeben/J. Thiesing/C.-D. Ehlermann, EWG-Vertrag, Art. 92 Rdnr. 11.

[84] Zu Recht betrachtet *P.-Ch. Müller-Graff*, ZHR Bd. 152 [1988], 403, 423, das Kriterium der öffentlichen Mittelbelastung als ein „nicht ganz zweifelsfreies" Beihilfemerkmal.

[85] EuGH - van Tiggele, Slg. 1978, 25, 40 f.; ebenso *R. Geiger*, EG-Vertrag, Art. 92 Rdnr. 13; *P.-Ch. Müller-Graff*, ZHR Bd. 152 [1988], 403, 425; *G. v. Wallenberg*, in: Grabitz (Hrsg.), EWG-Vertrag, Art. 92 Rdnr. 18; *F.-H. Wenig*, in: H. von der Groeben/J. Thiesing/C.-D. Ehlermann, EWG-Vertrag, Art. 92 Rdnr. 11.

oder eingeführter Textilerzeugnisse erhoben und zur Förderung der inländischen Textilindustrie verwandt wird, ohne weiteres beihilferechtlich relevant sein[86], obwohl es bei der gebotenen folgenorientierten Betrachtungsweise so recht keinen Sinn machen kann, die direkte Begünstigung bestimmter Produktionszweige durch staatliche Mindestpreisfestsetzung anders zu bewerten als die Umwegfinanzierung über staatliche oder parafiskalische Kassen. Entscheidend ist allein, daß in beiden Fällen bestimmte Produktionszweige kraft besonderer staatlicher Anordnung begünstigt werden. Da die parafiskalische Umverteilung der Umverteilung über den Haushalt gleichstellt ist[87], erscheint es nur konsequent, auf das Erfordernis öffentlicher Mittelbelastung gänzlich zu verzichten[88] und - auch jenseits des Bereichs der Umverteilung durch Abgaben - sämtliche Privilegierungen finanzieller Art aufgrund staatlicher Zwangsmaßnahmen dem Tatbestand des Art. 92 EGV zuzurechnen. Andernfalls könnte der Staat durch die konkrete Ausgestaltung der Fördermodalitäten über die Relevanz der Art. 92 ff. EGV entscheiden und auf diese Weise die gemeinschaftsrechtlichen Beihilfevorschriften umgehen. Dem Wortlaut des Art. 92 EGV würde bei einer entsprechend weiten Auslegung des Art. 92 EGV keinesfalls Gewalt angetan, weil derartige vermögenswirksame Maßnahmen stets auf einen staatlichen Hoheitsakt zurückzuführen sind und sich damit innerhalb des Begriffsfeldes der „staatlichen Beihilfe“ bewegen. Der aufgeworfene Fragenkomplex kann jedoch im Rahmen der gegebenen Untersuchung nicht weiter vertieft und beantwortet werden. Die nachfolgende Untersuchung orientiert sich daher an dem tradierten Verständnis von Art. 92 EGV und geht der Frage nach, ob sich die Finanzierungsmodalitäten der Veranstaltung von Rundfunk in der Bundesrepublik als finanzwirksam im Sinne des Beihilferechts erweisen.

Die Finanzierung des öffentlich-rechtlichen Rundfunks durch zwangsweise erhobene Gebühren ist eine typische Form parafiskalischer Umverteilung und entspricht damit ohne weiteres dem Erfordernis der öffentlichen Mittelbelastung. Demgegenüber werden bei der Begünstigung des privaten Rundfunks im Bereiche der Finanzierung aus Werbeeinnahmen keine öffentlichen Mittel verwendet. Derartige Beschränkungen oder Erweiterungen der wettbewerblichen Parameter von Konkurrenten durch außerfinanzrechtliche staatliche Regelungen fallen trotz ihrer wettbewerbsrelevanten Wirkungen nicht in den Anwendungsbereich des Art. 92 EGV, weil es insoweit der positiven oder negativen Finanzwirksamkeit der staatlichen Maßnahme ermangelt, mit anderen

---

86 EuGH - Frankreich/Kommission, Slg. 1970, 487, 495 ff.

87 Vgl. die Nachweise in Fn. 79.

88 Vgl. *H.-G. Koppensteiner*, Das Subventionsrecht im Vertrag über die Europäische Gemeinschaft für Kohle und Stahl, S. 109, der für den Subventionsbegriff des Art. 4 lit. c) EGKSV das Erfordernis eines Vermögensverlustes der öffentlichen Hand ausdrücklich ablehnt.

Worten: weil diese Maßnahmen nicht zu einem öffentlichen Finanzopfer führen[89]. Hoheitlich veranlaßte Begünstigungen von Unternehmen, die zugleich belastende Effekte für Konkurrenten haben, sind nur dann an Art. 92 EGV zu messen, wenn sie auf Kosten öffentlicher Finanzmittel gewährt werden. Fehlt es an dieser Voraussetzung, können zwar andere, unmittelbar oder mittelbar dem unverfälschten Wettbewerb im Gemeinsamen Markt dienende Vorschriften des Gemeinschaftsrechts, namentlich die Bestimmungen über den freien Warenverkehr auf Verwirklichung drängen[90]; die beihilferechtlichen Bestimmungen der Art. 92 ff. EGV scheiden jedoch für die im Hinblick auf öffentliche Finanzkassen neutralen staatlichen Fördermaßnahmen als Maßstabsnormen aus.

Im Ergebnis ist daher festzuhalten, daß die im Verhältnis zum öffentlich-rechtlichen Rundfunk ungleich günstigeren Wettbewerbsbedingungen der privaten Anbieter bei der Finanzierung aus Werbeeinnahmen mangels öffentlicher Finanzwirksamkeit nicht mit Art. 92 EGV kollidieren. Dieser Teilaspekt des Rundfunkfinanzierungssystems in der Bundesrepublik kann daher im folgenden ausgeblendet bleiben. Das Augenmerk ist allein auf die Frage zu lenken, ob die Gebührenfinanzierung des öffentlich-rechtlichen Rundfunks als staatliche Beihilfe die weiteren in Art. 92 Abs. 1 EGV genannten Voraussetzungen erfüllt.

3. *Kreis der Begünstigten*

Art. 92 EGV erstreckt sich nur auf solche Beihilfen, die „bestimmte" Unternehmen begünstigt. Tatbestandlich erfaßt sind damit nur die selektiven (oder spezifisch) gewährten Fördermaßnahmen[91]. Da die Rundfunkgebühren als Finanzierungsform ausschließlich den öffentlich-rechtlichen Rundfunkanstalten vorbehalten sind, die privaten Anbieter am Gebührenaufkommen hingegen nicht partizipieren (§ 25 S. 2 RfStV), liegt unzweifelhaft eine selektiv wirkende Begünstigung vor. Fraglich ist allein, ob die öffentlich-rechtlichen Rund-

---

89 Vgl. nur *P.-Ch. Müller-Graff*, ZHR Bd. 152 [1988], 403, 425; *F.-H. Wenig*, in: H. von der Groeben/J. Thiesing/C.-D. Ehlermann, EWG-Vertrag, Art. 92 Rdnr. 11.

90 Vgl. *P.-Ch. Müller-Graff*, ZHR Bd. 152 [1988], 403, 417; *F.-H. Wenig*, in: H. von der Groeben/J. Thiesing/C.-D. Ehlermann, EWG-Vertrag, Art. 92 Rdnr. 11 Fn. 51.

91 Vgl. *D. Lefèvre*, Staatliche Ausfuhrförderung und das Verbot wettbewerbsverfälschender Beihilfen im EWG-Vertrag, S. 122; *P.-Ch. Müller-Graff*, ZHR Bd. 152 [1988], 403, 428 ff.; *F.-H. Wenig*, in: H. von der Groeben/J. Thiesing/C.-D. Ehlermann, EWG-Vertrag, Art. 92 Rdnr. 16; *A. Bach*, Wettbewerbsrechtliche Schranken für staatliche Maßnahmen nach europäischem Gemeinschaftsrecht, S. 7: „spezifische Maßnahme"; *H.-W. Rengeling*, in: B. Börner/K. Neundörfer (Hrsg.), Recht und Praxis der Beihilfe im Gemeinsamen Markt, S. 23, 29: „Merkmal der Spezialität".

funkanstalten als „Unternehmen" im Sinne des Art. 92 EGV angesehen werden können.

Der Unternehmensbegriff des Art. 92 Abs. 1 EGV entspricht dem der Art. 85 f., Art. 90 EGV[92]. Dies folgt bereits aus der systematischen Verklammerung der Art. 85 bis Art. 94 EGV, die als Wettbewerbsregeln in Konkretisierung des in Art. 3 lit. g) EGV genannten Ziels auf die Herausbildung eines freien und wettbewerblich unverfälschten Marktsystems gerichtet sind. In Anlehnung an die Rechtsprechung des Europäischen Gerichtshofes zu Art. 80 EGKSV ist unter einem Unternehmen „eine einheitliche, einem speziellen Rechtssubjekt zugeordnete Zusammenfassung personeller, materieller und immaterieller Faktoren" zu verstehen, „mit welcher auf Dauer ein bestimmter wirtschaftlicher Zweck verfolgt wird"[93]. Unter Zugrundelegung dieses weiten funktionalen Unternehmensbegriffs kommt es daher auf die wirtschaftliche Tätigkeit an[94]. Nach überwiegender Auffassung genügt hierzu bereits die Teilnahme am Wirtschaftsleben, Gewinnerzielungsabsicht ist hingegen nicht erforderlich[95]; maßgeblich ist also das Streben nach Einnahmen zugunsten der Erfüllung bestimmter Aufgaben, kurzum: die Entgeltlichkeit der selbständigen Tätigkeit[96]. Auch die grundsätzliche Einbeziehung öffentlicher Unternehmen in den Anwendungsbereich des Art. 92 EGV steht heute außer Frage[97], wie sich aus Art. 90 Abs. 1 EGV ergibt; nur unter den engen Voraussetzungen des Art. 90 Abs. 2 EGV sind öffentliche Unternehmen von den Wettbewerbsvorschriften des EGV ausgenommen. Allerdings muß insoweit stets untersucht werden, ob derartige Einrichtungen am Markt als Anbieter oder Nachfrager von Leistungen auftreten oder aber ausschließlich außerwirtschaftlichen Zielen dienen. Aus der jüngeren Zeit ist in diesem Zusammenhang die Entscheidung des Europäischen Gerichtshofes zur Einbeziehung der französischen Sozialversicherungsträger in das europäische Wettbewerbsrecht zu nennen. Nach Ansicht des Gerichtshofes erfüllen die mit der sozialen Sicherheit betrauten

---

92 Vgl. statt aller *F.-H. Wenig*, in: H. von der Groeben/J. Thiesing/C.-D. Ehlermann, EWG-Vertrag, Art. 92 Rdnr. 13; siehe auch *G. Ress*, Kultur und Europäischer Binnenmarkt, S. 132; *G. v. Wallenberg*, in: Grabitz (Hrsg.), EWG-Vertrag, Art. 92 Rdnr. 20.

93 EuGH - Mannesmann/Hohe Behörde, Slg. 1962, 717, 750.

94 Zuletzt - Höfner u. Elster/Macroton, Slg. I 1991, 1979, 2016; EuGH - AGF/CAMULRAC/CANCAVA, NJW 1993, 2597, 2598.

95 *A. Jungbluth*, Das Niederlassungsrecht der Rundfunkveranstalter in der Europäischen Gemeinschaft, S. 48 m.w.N. in Fn. 5; *G. Ress*, Kultur und Europäischer Binnenmarkt, S. 134 m.w.N. in Fn. 429.

96 *A. Jungbluth*, Das Niederlassungsrecht der Rundfunkveranstalter in der Europäischen Gemeinschaft, S. 48.

97 Vgl. statt aller *G. v. Wallenberg*, in: Grabitz (Hrsg.), EWG-Vertrag, Art. 92 Rdnr. 20; *F.-H. Wenig*, in: H. von der Groeben/J. Thiesing/C.-D. Ehlermann, EWG-Vertrag, Art. 92 Rdnr. 11 Fn. 51.

Sozialversicherungsträger eine Aufgabe mit ausschließlich sozialem Charakter. Da ihre Tätigkeit auf dem Grundsatz der Solidarität beruhe und ohne Gewinnzweck ausgeübt werde, unterfielen die Sozialversicherungsträger als nichtwirtschaftliche Einrichtungen nicht dem europäischen Wettbewerbsrecht[98]. Demgegenüber hat der Gerichtshof in seiner Entscheidung zum Arbeitsvermittlungsmonopol der Bundesanstalt für Arbeit die Arbeitsvermittlung als wirtschaftliche Tätigkeit eingestuft und diese soziale Institution damit dem EG-Wettbewerbsregime unterstellt[99], eine Differenzierung, die nicht so recht einzuleuchten mag, weil beide Einrichtungen auf ein und denselben gemeinwohlorientierten, der Sozialstaatlichkeit dienenden Funktionsgesetzen beruhen[100]. Da beide Einrichtungen ihre Tätigkeit gegen Entgelt erbringen, erscheint nach Maßgabe des funktionalen Unternehmensbegriffs ihre Einbeziehung in das EG-Wettbewerbsrecht unausweichlich. Die Verwirklichung und Sicherstellung der im öffentlichen Interesse liegenden sozialstaatlichen Belange ist im Rahmen der Vorschrift des Art. 90 Abs. 2 EGV dogmatisch zu bewältigen, die öffentliche Unternehmen dann von den Verpflichtungen des EG-Wettbewerbsrechts befreit, wenn das öffentliche Interesse an der Erfüllung der betreffenden spezifischen Aufgaben das Gemeinschaftsinteresse an gleichen Wettbewerbsbedingungen überwiegt[101].

a) Öffentlich-rechtliche Rundfunkanstalten als (öffentliche) Unternehmen

Bereits in der Rechtssache *Sacchi*[102] aus dem Jahre 1974 mußte sich der Europäische Gerichtshof zur Anwendbarkeit des EG-Wettbewerbsrecht auf Rundfunkveranstalter äußern. In diesem Verfahren, in dem es um die Vereinbarkeit des seinerzeit bestehenden Fernsehmonopols der staatlich konzessionierten RAI ging, vertrat die italienische Regierung den Rechtsstandpunkt, daß die Fernsehanstalten keine wirtschaftliche Tätigkeit verfolgten, sondern einen öffentlichen Betrieb mit kultureller, unterhaltender und informativer Zielsetzung führten. Die Werbetätigkeit des Fernsehens diene lediglich finanziellen Zwecken, die von untergeordneter Bedeutung und auf die Finanzierung der Programmdarbietungen gerichtet seien[103]. In dieselbe Richtung wies der Standpunkt der deutschen Bundesregierung, demzufolge die öffentlich-rechtlichen Rundfunkanstalten keine Unternehmen im Sinne des EG-Rechts seien,

---

[98] EuGH - AGF/CAMULRAC/CANCAVA, NJW 1993, 2597, 2598; siehe auch *G. v. Wallenberg*, in: Grabitz (Hrsg.), EWG-Vertrag, Art. 92 Rdnr. 20 m.w.N.

[99] EuGH - Höfner u. Elster/Macroton, Slg. I 1991, 1979, 2016 f.

[100] Kritisch auch *E. Eichenhofer*, NJW 1993, 2598.

[101] Zur gebotenen Verhältnismäßigkeitsprüfung im Rahmen des Art. 90 Abs. 2 EGV im einzelnen unten unter C. II. 3. b) (2), S. 41 ff.

[102] EuGH, Slg. 1974, 409.

[103] EuGH - Sacchi, Slg. 1974, 409, 420.

„weil sie eine Aufgabe der öffentlichen Verwaltung ausübten und ihnen nach der Verfassung zur Erfüllung dieser Aufgabe die institutionelle Freiheit gewährt werden müsse“[104]. Der Gerichtshof hat sich mit diesen Positionen nicht näher beschäftigt, sondern vertrat lapidar die Ansicht, daß die Fernsehanstalten, „soweit die Erfüllung ihrer Aufgaben Tätigkeiten wirtschaftlicher Art mit sich bringt, unter die in Art. 90 genannten Bestimmungen über öffentliche Unternehmen und solche, denen die Staaten besondere oder ausschließliche Rechte gewähren“[105], fielen. Damit schloß sich der Gerichtshof der Meinung der Kommission an, die in ihrer Erklärung die RAI als öffentliches Unternehmen oder zumindest als ein Unternehmen, dem besondere oder ausschließliche Rechte gewährt worden seien, erachtet hatte[106].

In der Entscheidung in der Rechtssache *CICCE/Kommission* ging es um das Wettbewerbsverhalten der seinerzeit noch sämtlichen drei öffentlich-rechtlichen Fernsehgesellschaften TF1, A 2 und France 3, denen ein Verstoß gegen Art. 86 EWGV vorgeworfen wurde, weil sie für den Erwerb der Rechte zur Ausstrahlung von Kinofilmen durch das Fernsehen äußerst niedrige Preise erzwangen. Kommission und Gerichtshof gingen in der Entscheidung ohne nähere Begründung davon aus, daß die drei französischen Fernsehgesellschaften „Unternehmen“ im Sinne des EG-Wettbewerbsrechts seien[107]. Die Rechtssache *Télémarketing* betraf die Frage, ob die S.A. Compagnie Luxembourgeoise de Télédiffusion (CLT) dadurch gegen das europäische Wettbewerbsrecht verstoßen hat, daß sie Sendezeiten für Telefonwerbung im Fernsehen nur unter besonderen Bedingungen verkaufte. Ohne weitere Begründung und unter Berufung auf die Entscheidung in der Rechtssache *Sacchi* sah der Gerichtshof die CLT als Unternehmen im Sinne des Art. 90 Abs. 1 EWGV an[108]. Diesen Rechtsstandpunkt hat der Gerichtshof in der Rechtssache *ERT*, in der es um die Vereinbarkeit des griechischen Fernsehmonopols der *ERT* mit europäischem Gemeinschaftsrecht ging, unter Bezugnahme auf die Rechtssache *Sacchi* bestätigt[109]. Schließlich ist der Gerichtshof auch in der Rechtssache *Kommission/Niederlande*, welche die Frage nach der Vereinbarkeit einiger medienrechtlicher Bestimmungen der Niederlande mit der Dienstleistungsfreiheit des Vertrages betraf, nicht von dieser Position abgerückt[110, 111].

---

104 EuGH - Sacchi, Slg. 1974, 409, 419.

105 EuGH - Sacchi, Slg. 1974, 409, 430.

106 EuGH - Sacchi, Slg. 1974, 409, 415.

107 EuGH, Slg. 1985, 1105, 1123.

108 EuGH, Slg. 1985, 3261, 3275.

109 EuGH, Slg. I 1991, 2925, 2957 und 2962.

110 EuGH, Slg. I 1991, 4069, 4098.

111 Weitere Streitfälle um die Anwendbarkeit der EG-Wettbewerbsvorschriften auf rundfunkrelevante Sachverhalte finden sich bei *Ch. Wagner*, AfP 1992, 1, 4 Fn. 24-30.

Der Blick auf die Rechtsprechung des Europäischen Gerichtshofes läßt deutlich werden, daß der Gerichtshof keine Bedenken hegt, die Tätigkeit der öffentlich-rechtlichen Rundfunkanstalten als eine solche wirtschaftlicher Art zu qualifizieren und damit wie jedes andere Wirtschaftsgut dem EG-Wettbewerbsrecht unterzuordnen. Ob diese Zuordnung Zustimmung verdient oder ob nicht insoweit zwischen den einzelnen Erscheinungsformen des Tätigkeitskreises der Rundfunkveranstalter zu unterscheiden ist, soll an dieser Stelle nicht vertieft werden. Denn jedenfalls in den Bereichen des Werbefunks sowie der Programmbeschaffung und -verwertung treten die öffentlich-rechtlichen Rundfunkanstalten als Nachfrager und Anbieter am Markt und damit erwerbswirtschaftlich auf. Dementsprechend ist auch die Einordnung der öffentlich-rechtlichen Rundfunkanstalten unter den Begriff des „öffentlichen Unternehmens" in § 98 Abs. 1 GWB nahezu unbestritten, soweit es um ihre Beschaffungs-, Werbungs- und Verwertungsmaßnahmen geht[112]. Ob die Rundfunkanstalten bei ihrer eigentlichen Programmtätigkeit, dem nervus rerum ihres Tätigkeitsfeldes, wirtschaftlich tätig werden, soll hier dahingestellt bleiben[113]. Die Anstalten erbringen auf jeden Fall wirtschaftliche Leistungen gegen Entgelt und sind damit aufgrund ihrer Rechtsform als Anstalten des öffentlichen Rechts öffentliche Unternehmen im Sinne des EG-Wettbewerbsrechts[114].

b) Exemtion der öffentlich-rechtlichen Rundfunkanstalten aus dem Anwendungsbereich des EG-Wettbewerbsrechts aufgrund Art. 90 Abs. 2 EGV?

Sind nach dem bisherigen Stand der Untersuchung die öffentlich-rechtlichen Rundfunkanstalten als öffentliche Unternehmen wie jedes Wirtschaftsunternehmen an die Wettbewerbsbestimmungen des EGV gebunden, so könnte ihre Bereichsausnahme aus dem EG-Wettbewerbsrecht gleichwohl im Hinblick auf Art. 90 Abs. 2 EGV geboten sein. Dieses Argumentationsnetz hatten

---

[112] Vgl. statt vieler *V. Emmerich*, AfP 1989, 433, 434; *ders./U. Steiner*, Möglichkeiten und Grenzen der wirtschaftlichen Betätigung der öffentlich-rechtlichen Rundfunkanstalten, S. 132 ff.; *K. Gabriel-Bräutigam*, Rundfunkkompetenz und Rundfunkfreiheit, S. 138 ff., insbesondere 141; *W. Hoffmann-Riem*, Rundfunkrecht neben Wirtschaftsrecht, S. 139 ff., insbesondere 142; *A. Jungbluth*, Das Niederlassungsrecht der Rundfunkveranstalter in der Europäischen Gemeinschaft, S. 56; *M. Kuka*, AfP 1985, 177, 178; *W.-H. Roth*, AfP 1986, 287 f.; *P. Selmer*, Bestands- und Entwicklungsgarantien für den öffentlich-rechtlichen Rundfunk in einer dualen Rundfunkordnung, S. 36.

[113] Vgl. hierzu im einzelnen im Text unter C. II. 4. a), S. 45 ff.

[114] *V. Emmerich*, AfP 1989, 433, 434; *ders./U. Steiner*, Möglichkeiten und Grenzen der wirtschaftlichen Betätigung der öffentlich-rechtlichen Rundfunkanstalten, S. 133 f.; *A. Jungbluth*, Das Niederlassungsrecht der Rundfunkveranstalter in der Europäischen Gemeinschaft, S. 56; *W.-H. Roth*, AfP 1986, 287, 289 f.

bereits die Regierungen Italiens und Deutschlands in der Rechtssache *Sacchi* ausgeworfen und vorgetragen, die öffentlich-rechtlichen Rundfunkanstalten seien Unternehmen, die mit Dienstleistungen von allgemeinem wirtschaftlichen Interesse betraut seien[115].

(1) Öffentlich-rechtliche Rundfunkanstalten als Unternehmen im Sinne des Art. 90 Abs. 2 EGV

Nach Art. 90 Abs. 2 EGV sind die Unionsstaaten im Hinblick auf „Unternehmen, die mit Dienstleistungen von allgemeinem wirtschaftlichen Interesse betraut sind“, an die Vorschriften des EGV und damit an das Beihilferecht nur insoweit gebunden, als dadurch nicht die Erfüllung der diesen Unternehmen übertragenen Aufgaben verhindert wird.

Die öffentlich-rechtlichen Rundfunkanstalten sind ohne weiteres „betraute Unternehmen“ im Sinne des Art. 90 Abs. 2 EGV. Der Europäische Gerichtshof vertritt allerdings - dem Charakter des Art. 90 Abs. 2 EGV als Ausnahmevorschrift entsprechend - in bezug auf das Merkmal des „Betrauens“ eine restriktive Linie[116]. Der Gerichtshof fordert in mittlerweile ständiger Rechtsprechung die Betrauung mit einer Dienstleistung im allgemeinen wirtschaftlichen Interesse durch Gesetz[117] oder durch einen sonstigen Hoheitsakt öffentlicher Gewalt[118]. Solange die öffentlich-rechtlichen Rundfunkanstalten über eine monopolistische Stellung verfügt haben, war der Betrauenstatbestand unproblematisch erfüllt, weil diese Voraussetzung stets vorliegt, wenn andere Unternehmen von der Erfüllung der Aufgaben ausgeschlossen sind, die den Gegenstand der Betrauung bilden[119]. Doch auch nach Einführung privaten Rundfunks in der Bundesrepublik sind diese Voraussetzungen nicht hinfällig ge-

---

[115] EuGH, Slg. 1974, 409, 419 und 420 sowie 430.

[116] Ausdrücklich im Sinne eines engen Begriffs des „betrauten Unternehmens“ EuGH - BRT II, Slg. 1974, 313, 318; siehe ferner *A. Bach*, Wettbewerbsrechtliche Schranken für staatliche Maßnahmen nach europäischem Gemeinschaftsrecht, S. 47; *A. Jungbluth*, Das Niederlassungsrecht der Rundfunkveranstalter in der Europäischen Gemeinschaft, S. 62 und 63.

[117] EuGH - Hein, Slg. 1971, 723, 730.

[118] EuGH - BRT II, Slg. 1974, 313, 318; EuGH - Zürchner/Bayerische Vereinsbank, Slg. 1981, 2021, 2030; EuGH - Ahmed Saeed Flugreisen und Silver Line Reisebüro, Slg. 1989, 803, 853.

[119] *A. Jungbluth*, Das Niederlassungsrecht der Rundfunkveranstalter in der Europäischen Gemeinschaft, S. 64; *E.-J. Mestmäcker*, in: ders. (Hrsg.), Offene Rundfunkordnung, S. 9, 33; implizit EuGH - Sacchi, Slg. 1974, 409, 431; EuGH - ERT, Slg. I 1991, 2925, 2962.

worden[120], weil dem öffentlich-rechtlichen Rundfunk in der dualen Rundfunkordnung kraft Verfassung und einfachem Landesrecht die Aufgabe zukommt, dem auf umfassende Information gerichteten Versorgungsauftrag des Rundfunks zu genügen, namentlich die Grundversorgung der Bevölkerung mit Rundfunkprogrammen sicherzustellen.

Auch erbringen die öffentlich-rechtlichen Rundfunkanstalten „Dienstleistungen" im Sinne des Art. 90 Abs. 2 EGV. Der Begriff der Dienstleistungen ist nicht auf Dienstleistungen im Sinne des Art. 60 EGV beschränkt[121], sondern orientiert sich am französischen „service public"[122] und erstreckt sich auf sämtliche Leistungen der Daseinsvorsorge[123]. Die Veranstaltung von Rundfunk durch die öffentlich-rechtlichen Sendeanstalten stellt - ungeachtet der streitigen Frage nach ihrer Zuordnung zum Dienstleistungsbegriff des Art. 60 EGV - eine solche daseinsvorsorgende Betätigung dar und erfüllt damit die Merkmale des Dienstleistungsbegriffs im Sinne des Art. 90 Abs. 2 EGV[124].

Fraglich ist allein, ob diese Dienstleistungen von „allgemeinem wirtschaftlichen Interesse" sind und damit auch das letzte in Art. 90 Abs. 2 EGV genannte Tatbestandserfordernis erfüllt ist. Bereits im Verfahren in der Rechtssache *Sacchi* hat die Kommission - ohne weitere Begründung - bestritten, daß bestimmte Rundfunkanstalten mit Dienstleistungen von allgemeinem wirtschaftlichen Interesse" betraut seien[125]. Diesen Rechtsstandpunkt hat die Kommission im Grünbuch „Fernsehen ohne Grenzen" mit ausführlicher Begründung bestätigt; ihrer Meinung nach stünden bei der Veranstaltung von Rundfunkprogrammen kulturspezifische Erwägungen im Vordergrund, die von den auf die Versorgung mit materiellen Gütern bezogenen „wirtschaftlichen Interessen" nicht gedeckt seien[126]. Diese Ansicht ist nahezu[127] einhellig

---

[120] *A. Jungbluth*, Das Niederlassungsrecht der Rundfunkveranstalter in der Europäischen Gemeinschaft, S. 64; *E.-J. Mestmäcker*, in: ders. (Hrsg.), Offene Rundfunkordnung, S. 9, 33 f.

[121] *A. Bach*, Wettbewerbsrechtliche Schranken für staatliche Maßnahmen nach europäischem Gemeinschaftsrecht, S. 47; *A. Jungbluth*, Das Niederlassungsrecht der Rundfunkveranstalter in der Europäischen Gemeinschaft, S. 65 m.w.N.

[122] *A. Bach*, Wettbewerbsrechtliche Schranken für staatliche Maßnahmen nach europäischem Gemeinschaftsrecht, S. 46 f. m.w.N.

[123] Vgl. *A. Bach*, Wettbewerbsrechtliche Schranken für staatliche Maßnahmen nach europäischem Gemeinschaftsrecht, S. 47 m.w.N.

[124] *A. Jungbluth*, Das Niederlassungsrecht der Rundfunkveranstalter in der Europäischen Gemeinschaft, S. 65 m.w.N.

[125] EuGH, Slg. 1974, 409, 426.

[126] „Fernsehen ohne Grenzen", Grünbuch der Kommission der Europäischen Gemeinschaften, Dok. KOM (84) 300 endg., S. 192, insbesondere 195 f.

auf Ablehnung gestoßen. Die Rundfunkanstalten werden gemeinhin als mit Dienstleistungen von allgemeinem wirtschaftlichen Interesse betraut angesehen[128]. Die Kommission führt sich in ihrer Gedankenführung bereits selbst ad absurdum, weil sie die Vorfrage, ob eine entgeltliche Dienstleistung vorliegt, ausdrücklich bejaht[129]. Und schließlich zeitigte ihre Auffassung das Ergebnis, daß die Mitgliedstaaten im Hinblick auf wirtschaftliche Unternehmen einen größeren Manövrierspielraum besäßen als bei Unternehmen mit primär kulturellen oder sozialen Zielsetzungen, ein Ergebnis, das ersichtlich mit der ratio des bisherigen EWGV unvereinbar ist, weil dessen zuvörderst wirtschaftsbezogene Kompetenzgrundlagen die Mitgliedstaaten gerade in diesem Feld wirtschaftlicher Betätigung disziplinieren sollten[130]. Im Ergebnis ist daher festzuhalten, daß die öffentlich-rechtlichen Rundfunkanstalten als Unternehmen im Sinne des Art. 90 Abs. 2 EVG anzusehen sind.

(2) Art. 90 Abs. 2 EGV als Konkretisierung des Verhältnismäßigkeitsgrundsatzes

Für die öffentlich-rechtlichen Rundfunkanstalten wird die Legalausnahme des Art. 90 Abs. 2 EGV jedoch nur dann eröffnet, wenn die Anwendung der Vorschriften des Vertrages die Erfüllung der übertragenen Sonderaufgabe „verhindert". Nach ständiger Rechtsprechung des Europäischen Gerichtshofes sind dabei an die Voraussetzung der „Verhinderung" strenge Anforderungen zu stellen. Die Wettbewerbsregeln gelten fort, solange nicht nachgewiesen ist,

---

[127] Zustimmend - soweit ersichtlich - nur *N. Reich*, in: W. Hoffmann-Riem (Hrsg.), Rundfunk im Wettbewerbsrecht, S. 224, 229.

[128] Vgl. EuGH - Sacchi, Slg. 1974, 409, 431; EuGH - ERT, Slg. I 1991, 2925, 2962 f.; *A. Deringer*, WuW 1985, 546, 557; *ders.*, ZUM 1986, 627, 634; *G. Herrmann*, ZUM 1985, 175, 184; *H.-P. Ipsen*, Rundfunk im Europäischen Gemeinschaftsrecht, S. 62 f.; *H. D. Jarass*, 56. DJT, G Rdnr. 57; *A. Jungbluth*, Das Niederlassungsrecht der Rundfunkveranstalter in der Europäischen Gemeinschaft, S. 69 ff., insbesondere 70 f.; *E.-J. Mestmäcker*, in: ders. (Hrsg.), Offene Rundfunkordnung, S. 9, 33 f.; *W.-H. Roth*, AfP 1986, 287, 290.

[129] So ausdrücklich im Hinblick auf den - im Vergleich zu Art. 90 Abs. 2 EGV engeren Begriff - der Dienstleistung im Sinne des Art. 60 EGV Grünbuch der Europäischen Gemeinschaften „Fernsehen ohne Grenzen", Dok. KOM (84) 300 endg., S. 107; auf diesen Widerspruch weisen zu Recht hin: *H. D. Jarass*, 56. DJT, G Rdnr. 57; *A. Jungbluth*, Das Niederlassungsrecht der Rundfunkveranstalter in der Europäischen Gemeinschaft, S. 70; *E.-J. Mestmäcker*, in: ders. (Hrsg.), Offene Rundfunkordnung, S. 9, 34 f.

[130] Zutreffend *H. D. Jarass*, 56. DJT, G Rdnr. 57; ebenso *A. Jungbluth*, Das Niederlassungsrecht der Rundfunkveranstalter in der Europäischen Gemeinschaft, S. 70.

daß die Anwendung dieser Regeln mit der Erfüllung der dem öffentlichen Unternehmen übertragenen besonderen Aufgabe unvereinbar ist[131].

Doch auch wenn die Aufgabenerfüllung verhindert würde, steht der Ausnahmetatbestand des Art. 90 Abs. 2 EGV noch unter einem weiteren Vorbehalt. Nach Art. 90 Abs. 2 S. 2 EVG darf die Entwicklung des Handelsverkehrs nicht in einem Ausmaße beeinträchtigt werden, das dem Interesse der Gemeinschaft zuwiderlaufen würde. In seiner neuesten Rechtsprechung prüft der Gerichtshof, ob die Inanspruchnahme der Ausnahme von den Bestimmungen des Vertrages für die Erfüllung der übertragenen Aufgabe erforderlich ist[132]. Der Erforderlichkeitsaspekt ist jedoch nur ein Element des auch das Gemeinschaftsrecht prägenden Grundsatzes der Verhältnismäßigkeit. Hinter der Regelung des Art. 90 Abs. 2 EGV verbirgt sich daher die Struktur des Verhältnismäßigkeitsprinzips[133]. Art. 90 Abs. 2 EGV versucht durch die Verklammerung seiner Sätze 1 und 2, den Konflikt zwischen dem öffentlichen Interesse an der Erfüllung spezifischer Aufgaben in dem betreffenden Unionsstaat einerseits und dem Gemeinschaftsinteresse andererseits zu lösen[134] und die einander konfligierenden Belange nach Maßgabe des Verhältnismäßigkeitsgrundsatzes zu einem sachgerechten Ausgleich zu bringen, so daß beide Aspekte zur bestmöglichen Verwirklichung gelangen. Das bedeutet: Zunächst ist im Rahmen des Art. 90 Abs. 2 S. 1 EGV zu prüfen, ob das entsprechende Unternehmen mit einer Dienstleistung von allgemeinem wirtschaftlichen Interesse betraut ist. Sodann ist zu untersuchen, ob die Beschränkung oder sogar der Aus-

---

131 EuGH - Sacchi, Slg. 1974, 409, 431; EuGH - Höfner u. Elster/Macroton, Slg. I 1991, 1979, 2016; EuGH - ERT, Slg. I 1991, 2925, 2962; vgl. auch EuGH - Merci Convenzionali Porto di Genova, Slg. I 1991, 5889, 5930 f.; EuGH - Paul Corbeau, EuZW 1993, 422, 423; aus dem Schrifttum statt vieler *A. Bach*, Wettbewerbsrechtliche Schranken für staatliche Maßnahmen nach europäischem Gemeinschaftsrecht, S. 47 f. m.w.N.; *A. Jungbluth*, Das Niederlassungsrecht der Rundfunkveranstalter in der Europäischen Gemeinschaft, S. 72 f. m.w.N.

132 Vgl. EuGH - RTT, Slg. I 1991, 5941, 5980 f., wonach zur Erreichung des intendierten Regelungsziels der Erlaß bestimmter „Spezifikationen" *„genügen"*, womit der Gerichtshof das Erforderlichkeitskriterium zum entscheidenden Abwägungsmaßstab erklärt; deutlich nunmehr EuGH - Paul Corbeau, EuZW 1993, 422, 423: „Folglich ist zu prüfen, in welchem Umfang eine Beschränkung des Wettbewerbs oder sogar der Ausschluß jeglichen Wettbewerbs von seiten anderer Wirtschaftsteilnehmer *erforderlich* ist, um es dem Inhaber des ausschließlichen Rechts zu ermöglichen, seine im allgemeinen Interesse liegende Aufgabe zu erfüllen..." (Hervorhebung durch die Verf.).

133 So ausdrücklich auch *A. Bach*, Wettbewerbsrechtliche Schranken für staatliche Maßnahmen nach europäischem Gemeinschaftsrecht, S. 48 f.; *A. Jungbluth*, Das Niederlassungsrecht der Rundfunkveranstalter in der Europäischen Gemeinschaft, S. 73.

134 Vgl. zu dieser Funktion des Art. 90 Abs. 2 EGV statt vieler *H. D. Jarass*, 56. DJT, G Rdnr. 56 m.w.N.; *A. Jungbluth*, Das Niederlassungsrecht der Rundfunkveranstalter in der Europäischen Gemeinschaft, S. 61 m.w.N.

schluß des Wettbewerbs zur Erreichung dieses spezifischen Interesses geeignet ist. Dies ist nur dann der Fall, wenn bei Anwendung der Vorschriften des Vertrages, namentlich der Wettbewerbsregeln, die Erfüllung dieser Aufgabe, d.h. die Erreichung dieses Regelungsinteresses, nachweislich verhindert würde. Das Erfordernis der Eignung als Element des Verhältnismäßigkeitsprinzips geht daher in der Prüfung des Tatbestandsmerkmals „Verhinderung" auf, mit anderen Worten: es ist Bestandteil des Art. 90 Abs. 2 S. 1 EGV. Demgegenüber ist die Erforderlichkeitsprüfung auf der Stufe des Art. 90 Abs. 2 S. 2 EGV vorzunehmen. Das gleiche gilt für die Prüfung der Verhältnismäßigkeit im engeren Sinne, also für die Prüfung, ob die Beeinträchtigung des Gemeinschaftsinteresses in einem angemessenen Verhältnis zu dem mitgliedstaatlichen Sonderinteresse steht[135].

Soweit es um die Anwendbarkeit der Vorschriften des EGV auf die öffentlich-rechtlichen Rundfunkanstalten geht, muß daher jeweils untersucht werden, ob ihre Freizeichnung von den Bestimmungen des Vertrages zur Erfüllung der ihnen übertragenen (Grundversorgungs-) Aufgabe geeignet sowie erforderlich ist und schließlich in Abwägung mit dem kollidierenden Gemeinschaftsinteresse dem Verhältnismäßigkeitsgrundsatz im engeren Sinne entspricht. Das gilt prinzipiell auch für die Unterwerfung der Rundfunkanstalten unter die Wettbewerbsvorschriften des EG-Rechts. Fraglich ist jedoch, ob für das EG-Beihilferecht als ein Bereich des EG-Wettbewerbsrechts eine Ausnahme anzuerkennen ist. Ausgangspunkt für diesen Gedanken ist der durch den Vertrag über die Gründung der Europäischen Union in den EGV eingefügte Art. 92 Abs. 3 lit. d) EGV. Hierauf soll im folgenden eingegangen werden.

(3) Verhältnis von Art. 92 Abs. 3 lit. d) zu Art. 90 Abs. 2 EGV

Nach Art. 92 Abs. 3 lit. d) EGV bilden Beihilfen zur Förderung der Kultur und der Erhaltung des kulturellen Erbes einen fakultativen „Ausnahmetatbestand" von dem in Art. 92 Abs. 1 EGV niedergelegten Grundsatz unzulässiger staatlicher Beihilfen. Der Funktion nach ist Art. 92 Abs. 3 lit. d) EGV wie Art. 90 Abs. 2 EGV Ausdruck eines grundsätzlichen und generellen Vorbehalts zugunsten der Erfüllung spezifischer Aufgaben der einzelnen Unionsstaaten. Über diese funktionale Übereinstimmung hinaus entsprechen sich beide Bestimmungen aber auch in ihren Regelungsstrukturen. Ebensowenig wie die Betrauung eines (öffentlichen) Unternehmens mit einer Dienstleistung von allgemeinem wirtschaftlichen Interesse jede Beschränkung des gemeinschaft-

[135] Vgl. zu diesem dritten Baustein des Verhältnismäßigkeitsgrundsatzes im Rahmen des Art. 90 Abs. 2 EGV *A. Bach*, Wettbewerbsrechtliche Schranken für staatliche Maßnahmen nach europäischem Gemeinschaftsrecht, S. 49.

lichen Handelsverkehrs zu rechtfertigen vermag, es vielmehr im Rahmen des Art. 90 Abs. 2 EGV eines sachgerechten Ausgleichs der kollidierenden Interessen bedarf, dürfen staatliche Fördermaßnahmen die Handels- und Wettbewerbsbedingungen in einem dem gemeinschaftlichen Interesse zuwiderlaufenden Maße beeinträchtigen. Dieser Vorbehalt, der auch in grammatikalischer Hinsicht eine deutliche Parallele zu Art. 90 Abs. 2 S. 2 EGV erkennen läßt, erfordert demnach - dem Art. 90 Abs. 2 EGV entsprechend - eine Abwägung zwischen dem Gemeinschaftsinteresse an der Beseitigung von Hindernissen für die Verbreitung von Kulturgütern und kulturellen Dienstleistungen einerseits und den spezifischen kulturellen Interessen der Mitgliedstaaten sowie ihrer kulturellen Identität andererseits, und zwar jeweils unter strikter Beachtung des Grundsatzes der Verhältnismäßigkeit[136]. Entsprechen sich beide Vorschriften demzufolge nach Funktion, Wortlaut und Regelungsmuster, so differieren sie gleichwohl in der Breite ihres Anwendungsfeldes: Während Art. 90 Abs. 2 EGV einen Vorbehalt allein zugunsten öffentlicher Interessen der Unionsstaaten statuiert, enthält Art. 92 Abs. 3 lit. d) EGV eine bereichsspezifische, auf die Wahrung nationaler Kulturstaatlichkeit gerichtete Kulturverträglichkeitsklausel. Würde man kulturelle Beihilfen mit dem Vorbehalt zugunsten nationaler Interessen im Sinne des Art. 90 Abs. 2 EGV zu rechtfertigen versuchen, verbliebe für Art. 92 Abs. 3 lit. d) EGV kein Anwendungsfeld. Aus allgemeinen methodologischen Grundsätzen folgt hieraus, daß Art. 92 Abs. 3 lit. d) EGV als spezielle Vorschrift den allgemeinen Vorbehalt des Art. 90 Abs. 2 EGV zugunsten nationaler Belange verdrängt, sofern es um die Sicherstellung spezifisch kultureller Zielsetzungen der Mitgliedstaaten geht. Anders ausgedrückt: Im Bereiche kulturpolitisch motivierter Beihilfen steht Art. 92 Abs. 3 lit. d) EGV zu Art. 90 Abs. 2 EGV im Verhältnis der Spezialität[137].

Da die Gebührenfinanzierung die Voraussetzungen dafür schaffen soll, daß die öffentlich-rechtlichen Rundfunkanstalten ihre ihnen im dualen System zukommende Grundversorgungsaufgabe wahrnehmen und damit der essentiellen Funktion des Rundfunks für das kulturelle Leben in der Bundesrepublik entsprechen können[138], die Gebührenfinanzierung also die von Art. 92 Abs. 3 lit. d) EGV erfaßten spezifisch kulturellen Elemente aufweist, ist die Vorschrift des Art. 90 Abs. 2 EGV insoweit im Rahmen des EG-Beihilferegimes als ein Teilbereich des europäischen Wettbewerbsrechts unanwendbar. Der gebotene Interessenausgleich zwischen dem Gemeinschaftsinteresse und den kulturspezifischen Sonderinteressen der Unionsstaaten ist ausschließlich auf der

---

136 Vgl. zur Verhältnismäßigkeitsprüfung im Rahmen des Art. 92 Abs. 3 lit. d) EGV unter C. III. 4. a) (2), S. 72.

137 Vgl. zur lex specialis-Regel *K. Larenz*, Methodenlehre der Rechtswissenschaft, S. 267 f.

138 Vgl. BVerfGE 73, 118, 157 f.

Ebene des Art. 92 Abs. 3 lit. d) EGV vorzunehmen; außerhalb des EG-Beihilferegimes steht der Anwendbarkeit des Art. 90 Abs. 2 EGV hingegen insoweit grundsätzlich nichts im Wege[139].

4. *Verfälschung des Wettbewerbs*

Weiter ist nach Art. 92 Abs. 1 EGV erforderlich, daß die Beihilfe den Wettbewerb verfälscht oder zu verfälschen droht. Eine Wettbewerbsverfälschung liegt dann vor, wenn die Maßnahme in ein aktuelles oder potentielles Wettbewerbsverhältnis zwischen Unternehmen oder Produktionszweigen eingreift; dies ist insbesondere immer dann der Fall, wenn durch die staatliche Maßnahme die Wettbewerbssituation eines Unternehmens verbessert wird[140]. Für die Bestimmung des Wettbewerbsverhältnisses kommt es zunächst auf den relevanten Markt an[141]. Dabei ist der sachlich relevante Markt, auf dem sich der aktuelle oder potentielle Wettbewerb abspielt, aus der Sicht der Nachfrager, d.h. der Abnehmer, zu bestimmen[142]. Im folgenden gilt es daher zu prüfen, ob und inwieweit zwischen den öffentlich-rechtlichen Rundfunkanstalten und den inländischen sowie ausländischen privaten Anbietern eine derartige Wettbewerbsbeziehung besteht. Hierbei wird man zwischen den einzelnen Erscheinungsformen ökonomisch relevanter Wettbewerbsbeziehungen unterscheiden müssen.

a) Relevanter Markt

In ihrem Sechsten Hauptgutachten hat die Monopolkommission den Standpunkt vertreten, daß ein wirtschaftliches Konkurrenzverhältnis zwischen privaten und öffentlich-rechtlichen Rundfunkanstalten nur auf dem Werbemarkt, nicht aber für das Programmangebot bestehe; denn es fehle an einer wirt-

---

139 Vgl. zum Verhältnis von Art. 55 Abs. 1 zu Art. 90 Abs. 2 EGV *H. D. Jarass*, EuR 1986, 75, 83; *ders.*, 56. DJT, G Rdnr. 60; *A. Jungbluth*, Das Niederlassungsrecht der Rundfunkveranstalter in der Europäischen Gemeinschaft, S. 90.

140 Vgl. EuGH - Philip Morris, Slg. 1980, 2671, 2688 f.; siehe ferner *R. Geiger*, EG-Vertrag, Art. 92 Rdnr. 15; *P.-Ch. Müller-Graff*, ZHR Bd. 152 [1988], 403, 431; *G. Ress*, Kultur und Europäischer Binnenmarkt, S. 136; *G. v. Wallenberg*, in: Grabitz (Hrsg.), EWG-Vertrag, Art. 92 Rdnr. 24; *F.-H. Wenig*, in: H. von der Groeben/J. Thiesing/C.-D. Ehlermann, EWG-Vertrag, Art. 92 Rdnr. 19.

141 Statt aller *N. Löw*, Der Rechtsschutz des Konkurrenten gegenüber Subventionen aus gemeinschaftsrechtlicher Sicht, S. 82; *F.-H. Wenig*, in: H. von der Groeben/J. Thiesing/C.-D. Ehlermann, EWG-Vertrag, Art. 92 Rdnr. 18.

142 *F.-H. Wenig*, in: H. von der Groeben/J. Thiesing/C.-D. Ehlermann, EWG-Vertrag, Art. 92 Rdnr. 18.

schaftlichen Austauschbeziehung zwischen den Programmanbietern und den Rundfunkteilnehmern sowie an einer Rivalität von öffentlich-rechtlichen und privaten Programmveranstaltern um die von den Benutzern zu entrichtenden Rundfunkgebühren[143]. Dem ist insoweit zuzustimmen, als in der dualen Rundfunkordnung der Bundesrepublik ein echter „Programmarkt"[144] nicht existiert. Im Gegensatz zu einem auf Pay TV beruhenden Rundfunksystem, bei dem die einzelnen - öffentlich-rechtlichen und privaten - Rundfunkveranstalter um die Gunst, besser: die Entgelte der Rundfunkteilnehmer konkurrieren und infolgedessen ein echter „Programmarkt" zustande kommt[145], besteht beim werbefinanzierten Rundfunk keine derartige wettbewerblich relevante wirtschaftliche Austauschbeziehung zwischen den Rezipienten und den Rundfunkanbietern. Gleiches gilt für den gebührenfinanzierten öffentlich-rechtlichen Rundfunk, weil es aufgrund des Ausschlusses der privaten Anbieter vom Rundfunkgebührenaufkommen[146] zwischen beiden Systemen zu keinem Wettbewerb um den Zuspruch der gebührenzahlenden Rundfunkteilnehmer kommen kann.

Das bedeutet freilich noch nicht, daß die Programmtätigkeit der öffentlich-rechtlichen Rundfunkanstalten überhaupt keine wettbewerbliche Relevanz besitzt. Denn der öffentlich-rechtliche und der private Rundfunk finanzieren sich beide - wenngleich in unterschiedlicher Größenordnung - aus den Einnahmen der Wirtschaftswerbung. Beide Systeme befinden sich bei der Aquisition von Werbekunden in einer wettbewerblichen Beziehung. Da sich die von der werbetreibenden Industrie zu zahlenden Entgelte für die Ausstrahlung von Werbespots maßgeblich nach den erzielten Reichweiten bestimmen, entscheidet die Attraktivität des Programmangebots zugleich über die Wettbewerbsbedingungen auf dem Werbemarkt. Mit anderen Worten: „Der Wettbewerb im Rundfunk wird mit Hilfe des Programmangebots geführt"[147]. Die wirtschaftliche Leistungsfähigkeit eines Sendeunternehmens ist untrennbar verzahnt mit seinem publizistischen Erfolg. Aufgrund dieses mittelbaren Bezugs der Programmtätigkeit auf die Werbeerlöse ließe sich daher auch von einem wirtschaftlich relevanten „Programmarkt" sprechen[148]. Dem versucht *W. Hoff-*

---

143 Monopolkommission, Sechstes Hauptgutachten, Tz. 584.

144 *W. Hoffmann-Riem*, Rundfunkrecht neben Wirtschaftsrecht, S. 115: „Programmveranstaltungsmarkt".

145 So auch deutlich *W. Hoffmann-Riem*, Rundfunkrecht neben Wirtschaftsrecht, S. 120; ebenso bereits, wenngleich mit schwächerem Impetus Monopolkommission, Sechstes Hauptgutachten, Tz. 584.

146 Siehe § 25 S. 2 RfStV.

147 *E.-J. Mestmäcker*, 56. DJT, Band II, 09-037, 023.

148 Vgl. statt vieler *K. Gabriel-Bräutigam*, Rundfunkkompetenz und Rundfunkfreiheit, S. 145; *B. Grundmann*, Die öffentlich-rechtlichen Rundfunkanstalten im Wettbewerb, S. 105 f.; *S. Klaue*, in: W. Hoffmann-Riem (Hrsg.), Rundfunk im Wettbewerbs-

mann-Riem mit dem Argument zu begegnen, daß die Ausstrahlung von Wirtschaftswerbung in einigen Programmen der öffentlich-rechtlichen Rundfunkanstalten, wie etwa den Dritten Fernsehprogrammen, gänzlich untersagt und in anderen Programmen, den Hauptprogrammen von ARD und ZDF, nur in begrenztem Maße gestattet sei[149]. Dagegen läßt sich jedoch anführen, daß auch die werbefreien Teile eines Werberahmenprogramms zur Attraktivität dieses Programms beitragen und damit dessen wirtschaftlich relevante Reichweiten zu sichern helfen. Ob diese Argumentation aber gleichermaßen für die Querschnittsfinanzierung der vollständig werbefreien Programme zu tragen vermag, erscheint wegen der differenten Zielgruppenstruktur von werbefinanzierten und werbefreien Programmen äußerst fraglich[150]. Im vorliegenden Zusammenhang braucht nicht abschließend geklärt zu werden, ob in bezug auf den publizistischen Wettbewerb zwischen den öffentlich-rechtlichen Rundfunkanstalten und privaten Anbietern in jedweder Hinsicht von einem ökonomisch bedeutsamen „Programmarkt" die Rede sein kann. Jedenfalls ergeben sich wettbewerbliche Beziehungen zwischen beiden Systemen unter anderen Aspekten.

Die Rundfunkanstalten sind Nachfrager einer Vielzahl von Zulieferleistungen, derer es zur Produktion und Verbreitung von Rundfunkprogrammen bedarf. Hierzu gehört unter anderem der Ankauf von Senderechten, technischen Anlagen sowie der Anwerbung des redaktionellen oder technischen Personals. Diese Parameter bestimmen in entscheidendem Umfange über die Art, Qualität und Attraktivität der verbreiteten Programme. In diesem Bereich der Beschaffungstätigkeit konkurrieren die öffentlich-rechtlichen Rundfunkanstalten nicht nur mit den privaten Anbietern, sondern auch untereinander. Zwischen den einzelnen Rundfunkanbietern besteht daher insoweit unzweifelhaft ein wirtschaftlich relevantes Wettbewerbsverhältnis[151]. Daran ändert auch nichts,

---

recht, S. 84, 91; *M. Kulka*, AfP 1985, 177, 183; *E.-J. Mestmäcker*, 56. DJT, Band II, 09-037, 023; *R. Ricker*, Rundfunkwerbung und Rundfunkordnung, S. 17 ff.; *P. Ulmer*, Programminformationen der Rundfunkanstalten in kartell- und wettbewerbsrechtlicher Sicht, S. 24; *R. Wieck*, in: E.-J. Mestmäcker (Hrsg.), Offene Rundfunkordnung, S. 363, 370; auf diesen korrelativen Zusammenhang von publizistischem und ökonomischem Wettbewerb weist die Monopolkommission in ihrem 9. Hauptgutachten, Tz. 692, zutreffend hin: „In jedem Fall besteht eine erhebliche, den Wettbewerbsspielraum von Pay-TV-Anbietern kontrollierende *Substitutionskonkurrenz* durch das (gebühren- und werbefinanzierte) Fernsehen... Für Pay-TV ist es schwierig, auf dem Markt Fuß zu fassen, angesichts der Zunahme des Sendeanteils von Spielfilmen in den bundesweit ausgestrahlten Fernsehprogrammen der öffentlich-rechtlichen und der privaten Anbieter".

149 Rundfunkrecht neben Wirtschaftsrecht, S. 117.

150 Insoweit verneinend *W. Hoffmann-Riem*, Rundfunkrecht neben Wirtschaftsrecht, S. 117.

151 Vgl. statt aller *K. Gabriel-Bräutigam*, Rundfunkkompetenz und Rundfunkfreiheit, S. 154 f.; *B. Grundmann*, Die öffentlich-rechtlichen Rundfunkanstalten im Wett-

daß sich das Zuschauerprofil des öffentlich-rechtlichen Rundfunks von dem des privaten Rundfunks teilweise unterscheidet[152]. Auch wenn die kulturelle Dimension des Rundfunks in den Sendedarbietungen der werbefinanzierten privaten Anbieter zu kurz kommt, läßt sich das Konkurrenzverhältnis zum öffentlich-rechtlichen Rundfunk nicht bestreiten. Denn wenigstens im Bereich des „massenattraktiven Unterhaltungsrundfunks" tummeln sich beide Systeme gleichermaßen und bemühen sich, eine möglichst hohe Anzahl an Zuschauern zu gewinnen. Dieses Feld der Rundfunkbetätigung ist nicht allein dem privaten Rundfunk vorbehalten, weil zu der von den Rundfunkanstalten wahrzunehmenden Grundversorgung neben den Programmsparten der Bildung, Beratung und Information auch die Unterhaltung zählt. Wettbewerbsbeziehungen bestehen auch insoweit, als die Rundfunkveranstalter ihre Sendezeit zur Verbreitung von Werbespots zur Verfügung stellen[153]. Bei der aquisitorischen Tätigkeit versuchen die einzelnen Anbieter, die für sich günstigsten Werbebedingungen auszuhandeln. Ihre Wettbewerbssituation verschlechtert sich reziprok zur Verbesserung der Rahmenbedingungen der werbetreibenden Wirtschaft, auf Konkurrenten auszuweichen und in deren Programmen ihre Spots zu besseren Konditionen zu placieren. Und schließlich existieren wettbewerbliche Rechtsbeziehungen in dem Bereich der Verwertung von Rundfunkprogrammen[154]. Die von den Rundfunkveranstaltern hergestellten oder erworbenen Produktionen können als Vermögenswerte verwertet werden, indem sie anderen Veranstaltern gegen Entgelt zur Verfügung gestellt werden. Wirtschaftlich kommt diesem Programmverwertungsmarkt zunehmende Bedeutung zu. Die öffentlich-rechtlichen Rundfunkanstalten versuchen die Einbrüche bei der Entwicklung ihrer Werbeeinnahmen dadurch zu kompensieren, daß sie ihre Produktionen oder Senderechte auf dem Verwertungsmarkt anbieten.

---

bewerb, S. 117 ff.; *W. Hoffmann-Riem*, Rundfunkrecht neben Wirtschaftsrecht, S. 139 ff., insbesondere 141 f.; speziell für das EG-Recht: *N. Reich*, in: W. Hoffmann-Riem (Hrsg.), Rundfunk im Wettbewerbsrecht, S. 224, 232.

152 Vgl. zu den profildifferenten Publikumsstrukturen und -erwartungen der öffentlich-rechtlichen und privaten Fernsehveranstalter *K. Berg/M.-L. Kiefer* (Hrsg.), Massenkommunikation IV. Schriftenreihe Media Perspektiven, passim.

153 Vgl. statt aller *K. Gabriel-Bräutigam*, Rundfunkkompetenz und Rundfunkfreiheit, S. 155 ff.; *B. Grundmann*, Die öffentlich-rechtlichen Rundfunkanstalten im Wettbewerb, S. 112 ff.; *W. Hoffmann-Riem*, Rundfunkrecht neben Wirtschaftsrecht, S. 158 ff., insbesondere 162.

154 Statt aller *B. Grundmann*, Die öffentlich-rechtlichen Rundfunkanstalten im Wettbewerb, S. 116 f.; *W. Hoffmann-Riem*, Rundfunkrecht neben Wirtschaftsrecht, S. 158 ff., insbesondere 167 ff.; speziell für das EG-Recht: *N. Reich*, in: W. Hoffmann-Riem (Hrsg.), Rundfunk im Wettbewerbsrecht, S. 224, 232.

b) Wettbewerbsverfälschung

Die Gebührenfinanzierung des öffentlich-rechtlichen Rundfunks erfüllt den Tatbestand der Wettbewerbsverfälschung, weil diese Form staatlicher Begünstigung die Wettbewerbsfähigkeit der Sendeanstalten auf den drei genannten Märkten verbessert. Diese Begünstigung schlägt sich zunächst einmal im Rahmen der programmvorbereitenden Handlungen der Anstalten nieder, weil jede Erweiterung ihres wirtschaftlichen Bewegungsspielraums ihre Konkurrenzsituation zu Lasten des privaten Rundfunks verbessert. Dies gilt namentlich beim Ankauf von kostenintensiven Senderechten für einzelne Spielfilme oder von Übertragungsrechten für bestimmte publikumswirksame Sportereignisse. Damit werden zugleich auch ihre Wettbewerbschancen bei der Verwertung der hergestellten oder angekauften Produktionen verbessert. Schließlich gereicht die Gebührenfinanzierung den öffentlich-rechtlichen Rundfunkanstalten auch im Verhältnis zur werbetreibenden Industrie zum Vorteil. Denn mit ihrer Hilfe läßt sich die Attraktivität des Programmstandards steigern und damit implizit auch die Bereitschaft der Werbewirtschaft zur Zahlung von höheren Entgelten für die Verbreitung ihrer Werbespots.

Das Vorliegen wettbewerbsverfälschender Wirkungen der Gebührenfinanzierung des öffentlich-rechtlichen Rundfunks könnte man allerdings mit dem Argument zu entkräften versuchen, daß dem Gebührenprivileg der Sendeanstalten die Privilegierung des privaten Rundfunks bei der Werbefinanzierung entspricht, beide Aspekte also Elemente eines ausdifferenzierten und ausbalancierten Rundfunkfinanzierungssystems bilden, das in seiner Symmetrie beiden Systemen eine funktionsbezogene und -gerechte Finanzierung gewährleistet, ohne dabei eine Schieflage auf Kosten eines Teils entstehen zu lassen[155]. Diesem Einwand ist insoweit zuzustimmen, als von einer Wettbewerbsverfälschung in der Tat nur dann gesprochen werden kann, wenn unter Zugrundelegung sämtlicher Wettbewerbsparameter das wettbewerblich relevante Pendel zugunsten der Wettbewerbskonstellation des öffentlich-rechtlichen Rundfunks ausschlüge. Eine Verengung auf das Gebührenprivileg würde dieser gebotenen ganzheitlichen Betrachtungsweise aber nicht entsprechen. Denn als Kompensation für den Ausschluß der Gebührenfinanzierung werden dem privaten Rundfunk bei der Aquisition von Werbekunden Schutzzonen errichtet, um auf diese Weise seine funktionsgerechte Finanzierung sicherzustellen.

Solche auf dem Kompensationsgedanken beruhenden Überlegungen stoßen indes bereits auf grundsätzliche Bedenken. Denn anerkannt ist, daß einer mitgliedstaatlichen Fördermaßnahme nicht schon deshalb ihre wettbewerbsver-

---

[155] In diesem Sinne *C.-E. Eberle*, Funding the public service broadcasters, Vortragsmanuskript, S. 2.

fälschende Wirkung genommen wird, weil mit ihr eine von Beihilfen anderer Mitgliedstaaten an Konkurrenzunternehmen ausgehende Wettbewerbsverfälschung ausgeglichen werden soll[156]. Im Interesse des Art. 3 lit. g) EGV und einer funktionstüchtigen Beihilfeaufsicht wird man daher grundsätzlich für eine isolierte Betrachtung der Folgewirkungen einer konkreten Begünstigung plädieren müssen[157], und zwar auch, soweit es um die Ausgestaltung der nationalen Wettbewerbssituation geht[158]. Andernfalls droht die spezifische Gefahr, daß sich die wettbewerbsverfälschenden Maßnahmen verfestigen, sie sogar kumulieren, und damit die Gesamtintention des Beihilferegimes, in Übereinstimmung und Konkretisierung des Art. 3 lit. g) EGV ein System unverfälschten Wettbewerbs zu errichten und aufrechtzuerhalten, gleichsam in ihr Gegenteil verkehrt wird.

Darüber hinaus läßt auch die nähere Analyse des Systems der Rundfunkfinanzierung in der Bundesrepublik Deutschland seine wettbewerbsverfälschenden Wirkungen augenscheinlich werden. Zwei Gründe sind hierfür maßgeblich: Der werbefinanzierte Rundfunk steht vor der Notwendigkeit, sein Programm in einer Weise zu gestalten, die es beim breiten Publikum einen entsprechenden Anklang finden und damit auch für die werbetreibende Wirtschaft von Interesse sein läßt. Vermag der einzelne Anbieter zur Finanzierung seines Programmangebots die erforderlichen Reichweiten nicht zu erzielen, so ist die Einstellung seines Sendebetriebs unausweichlich. Das System der Werbefinanzierung nimmt dem Anbieter das Risiko des Fehlschlagens eigener Bemühungen um die Attraktivität seines Programms und damit um den Zuspruch seines letztlichen Finanziers nicht ab, sondern ordnet ihm dieses Risiko vielmehr zu. Demgegenüber liegt der Gebührenfinanzierung des öffentlichrechtlichen Rundfunks der Gedanke zugrunde, die Anstalten von diesem wirtschaftlichen Druck zu entlasten, um ihnen eine von Einschaltquoten unabhängigere Programmgestaltung zu ermöglichen. Da die Sendeanstalten nach der Rechtsprechung des Bundesverfassungsgerichts in der Verwendung ihrer Mittel grundsätzlich frei sind, können sie die Rundfunkgebühren auch zur Finanzierung solcher Sendedarbietungen einsetzen, die der werbefinanzierte private Rundfunk nur bei entsprechender Akzeptanz wirtschaftlich vertreten kann.

---

156 EuGH - Steinike, Slg. 1977, 595, 613; aus dem Schrifttum statt vieler: *R. Geiger*, EG-Vertrag, Art. 92 Rdnr. 15; *P.-Ch. Müller-Graff*, ZHR Bd. 152 [1988], 403, 433; *G. v. Wallenberg*, in: Grabitz (Hrsg.), EWG-Vertrag, Art. 92 Rdnr. 26; *F.-H. Wenig*, in: H. von der Groeben/J. Thiesing/C.-D. Ehlermann, EWG-Vertrag, Art. 92 Rdnr. 20.

157 Vgl. *P.-Ch. Müller-Graff*, ZHR Bd. 152 [1988], 403, 433.

158 Vgl. hierzu *H.-W. Rengeling*, in: B. Börner/K. Neundörfer (Hrsg.), Recht und Praxis der Beihilfe im Gemeinsamen Markt, S. 23, 30 f.; *F.-H. Wenig*, in: H. von der Groeben/J. Thiesing/C.-D. Ehlermann, EWG-Vertrag, Art. 92 Rdnr. 20.

Der wettbewerbsverfälschende Charakter der Gebührenfinanzierung folgt aber auch noch aus einem weiteren Aspekt. Da der private Rundfunk von dem Rundfunkgebührenaufkommen ausgeschlossen ist, kann er unter den Gesetzmäßigkeiten des Marktes faktisch nicht in die den öffentlich-rechtlichen Rundfunkanstalten derzeit obliegende Grundversorgungsaufgabe hineinwachsen, zumal die den Sendeanstalten zugestandenen Bestands- und Entwicklungsgarantien[159] den Vorteil für die Zukunft stabilisieren. Sein Aktionsfeld wird sich aufgrund der Funktionsgesetze des Marktes mehr oder weniger auf den massenattraktiven Unterhaltungssektor konzentrieren. Seine publizistische Leistungsschwäche ist strukturell bedingt; sie findet ihren inneren Grund in dem Ausschluß von dem Rundfunkgebührenaufkommen. Selbst wenn ein von ehernen Motiven beseelter, von missionarischer Tatenkraft geleiteter privater Rundfunkunternehmer sich des Leistungsangebots der gemeinwohlorientierten Grundversorgungsaufgabe freiwillig annehmen wollte, wäre dieses Ansinnen wirtschaftlich von vornherein zum Scheitern verurteilt. Das Gebührenprivileg des öffentlich-rechtlichen Rundfunks schließt den privaten Rundfunk weitgehend von programmlichen Innovationen in Richtung auf einen qualifizierten publizistischen Programmstandard aus, der dem auf umfassende Information gerichteten Auftrag des Rundfunks in vollem Umfange zu entsprechen vermag.

Keiner Klärung bedarf im gegebenen Zusammenhang die Frage, ob Art. 92 Abs. 1 EGV eine bestimmte Intensität der Wettbewerbsverfälschung analog zum Spürsamkeitserfordernis in Art. 85 EGV[160] gebietet[161]. Denn die Gebührenfinanzierung des öffentlich-rechtlichen Rundfunks in der Größenordnung von mehreren Milliarden DM pro Haushaltsjahr überschreitet ohne weiteres die Schwelle „spürbarer" Wettbewerbsverfälschung.

Im Ergebnis kann daher festgehalten werden, daß die Gebührenfinanzierung des öffentlich-rechtlichen Rundfunks das Wettbewerbsverhältnis mit den privaten Rundfunkveranstaltern tangiert und damit der Tatbestand der Wettbewerbsverfälschung gegeben ist.

---

159 Vgl. zu ihnen kritisch *P. Selmer*, Bestands- und Entwicklungsgarantien für den öffentlich-rechtlichen Rundfunk in einer dualen Rundfunkordnung, passim.

160 Siehe EuGH - Voelk, Slg. 1969, 295, 302; EuGH - Cadillon, Slg. 1971, 351, 356.

161 Siehe zu dieser Streitfrage *P.-Ch. Müller-Graff*, ZHR Bd. 152 [1988], 403, 432; *N. Löw*, Der Rechtsschutz des Konkurrenten gegenüber Subventionen aus gemeinschaftsrechtlicher Sicht, S. 83; *G. Ress*, Kultur und Europäischer Binnenmarkt, S. 136 ff.; *G. v. Wallenberg*, in: Grabitz (Hrsg.), EWG-Vertrag, Art. 92 Rdnr. 27; *F.-H. Wenig*, in: H. von der Groeben/J. Thiesing/C.-D. Ehlermann, EWG-Vertrag, Art. 92 Rdnr. 21.

5. *Beeinträchtigung des innergemeinschaftlichen Handelsverkehrs*

Als letztes Tatbestandsmerkmal setzt Art. 92 Abs. 1 EGV voraus, daß die Beihilfe den Handel zwischen den Mitgliedstaaten beeinträchtigt. Der Begriff des Handels ist nicht technisch zu verstehen. Er erfaßt nicht nur den Austausch von Waren, sondern auch von Dienstleistungen aller Art[162]. Unter dem Begriff der Beeinträchtigung wird gemeinhin die künstliche Beeinflussung des wirtschaftlichen Selbstlaufs im gemeinschaftlichen Handel verstanden, also vor allem das künstliche Erschweren der Einfuhren oder die künstliche Erleichterung der Ausfuhren[163]. Weitgehende Einigkeit besteht heute auch darüber, daß das Merkmal der Handelsbeschränkung nicht nur die tatsächlichen, sondern auch die potentiellen Handelsbeschränkungen umschließt; es reicht also aus, wenn die Beihilfe geeignet ist, den Handel zwischen den Mitgliedstaaten der Europäischen Union zu beeinträchtigen[164].

Die wettbewerbsverzerrende Wirkung einer Beihilfe indiziert die Beeinträchtigung des innergemeinschaftlichen Handels, wenn das begünstigte Unternehmen in Konkurrenz zu Unternehmen aus anderen Mitgliedstaaten steht[165]. Dies ist stets der Fall, wenn das durch die Beihilfegewährung begün-

---

162 *R. Geiger*, EG-Vertrag, Art. 92 Rdnr. 16; *N. Löw*, Der Rechtsschutz des Konkurrenten gegenüber Subventionen aus gemeinschaftsrechtlicher Sicht, S. 86 f.; *H.-W. Rengeling*, in: B. Börner/K. Neundörfer (Hrsg.), Recht und Praxis der Beihilfe im Gemeinsamen Markt, S. 23, 31; *G. Ress*, Kultur und Europäischer Binnenmarkt, S. 139; *F.-H. Wenig*, in: H. von der Groeben/J. Thiesing/C.-D. Ehlermann, EWG-Vertrag, Art. 92 Rdnr. 23.

163 *D. Lefèvre*, Staatliche Ausfuhrförderung und das Verbot wettbewerbsverfälschender Beihilfen im EWG-Vertrag, S. 126; *P.-Ch. Müller-Graff*, ZHR Bd. 152 [1988], 403, 433 f.; *G. Ress*, Kultur und Europäischer Binnenmarkt, S. 139; *F.-H. Wenig*, in: H. von der Groeben/J. Thiesing/C.-D. Ehlermann, EWG-Vertrag, Art. 92 Rdnr. 24; vgl. auch EuGH - Philip Morris, Slg. 1980, 2671, 2688 f.

164 *R. Geiger*, EG-Vertrag, Art. 92 Rdnr. 16; *D. Lefèvre*, Staatliche Ausfuhrförderung und das Verbot wettbewerbsverfälschender Beihilfen im EWG-Vertrag, S. 128; *N. Löw*, Der Rechtsschutz des Konkurrenten gegenüber Subventionen aus gemeinschaftsrechtlicher Sicht, S. 87; *P.-Ch. Müller-Graff*, ZHR Bd. 152 [1988], 403, 433; *H.-W. Rengeling*, in: B. Börner/K. Neundörfer (Hrsg.), Recht und Praxis der Beihilfe im Gemeinsamen Markt, S. 23, 32; *G. Ress*, Kultur und Europäischer Binnenmarkt, S. 139 f.; *G. v. Wallenberg*, in: Grabitz (Hrsg.), EWG-Vertrag, Art. 92 Rdnr. 30; *F.-H. Wenig*, in: H. von der Groeben/J. Thiesing/C.-D. Ehlermann, EWG-Vertrag, Art. 92 Rdnr. 24; vgl. auch EuGH - Philip Morris, Slg. 1980, 2671, 2688 f.

165 EuGH - Italien/Kommission, Slg. 1974, 709, 720; ebenso EuGH - Philip Morris, Slg. 1980, 2671, 2688 f.; EuGH - Deutschland/Kommission, Slg. 1987, 4025, 4041; aus dem Schrifttum statt vieler: *N. Löw*, Der Rechtsschutz des Konkurrenten gegenüber Subventionen aus gemeinschaftsrechtlicher Sicht, S. 87 f.; *P.-Ch. Müller-Graff*, ZHR Bd. 152 [1988], 403, 434; siehe auch *G. v. Wallenberg*, in: Grabitz (Hrsg.), EWG-Ver-

stigte Unternehmen in andere Mitgliedstaaten exportiert[166]. Von dem Merkmal der innergemeinschaftlichen Handelsbeeinträchtigung bleiben nur solche Beihilfen ausgeklammert, deren Wirkungen sich auf das Gebiet des subventionierenden Unionsstaates oder auf das Verhältnis zu einem Drittstaat begrenzen, ohne dabei mittelbare Rückwirkungen auf den innergemeinschaftlichen Handel zu zeitigen[167].

Bei Anwendung dieser Maßstäbe ist festzustellen, daß die Gebührenfinanzierung des öffentlich-rechtlichen Rundfunks den Handel zwischen den Mitgliedstaaten der Europäischen Union beeinträchtigt. Es kann wiederum dahingestellt bleiben, ob der „Programmarkt" einen eigenständigen wettbewerblich relevanten Markt darstellt. In diesem Falle folgte die Handelsbeschränkung bereits aus dem Umstand, daß die Gebührenfinanzierung des öffentlich-rechtlichen Rundfunks die Attraktivität ihrer transnational verbreiteten Programme zu steigern hilft und damit ihre Stellung im publizistischen Wettbewerb mit inländischen sowie ausländischen privaten Anbietern grenzüberschreitender Programme verbessert. Entscheidend ist, daß sämtliche im vorliegenden Zusammenhang maßgeblichen drei Märkte, also der Programmbeschaffungs-, der Programmverwertungs- und der Werbemarkt, eine die Bundesrepublik Deutschland transzendierende, den gemeinschaftlichen Handel erfassende Dimension besitzen. Ebensowenig wie sich im Zeitalter der Satelliten- und Kabelübertragungstechnik die Aufgabe des Rundfunks auf die Versorgung des Inlands beschränkt, sondern der Export von Rundfunkprogrammen zur typischen Erscheinungsform der Rundfunkbetätigung[168, 169] gehört, lassen sich

---

trag, Art. 92 Rdnr. 30; fehlt es hingegen an einer solchen grenzüberschreitenden Wettbewerbskonstellation, entfällt diese Vermutung; nicht jede begünstigungsbedingte Wettbewerbsverfälschung muß zwangsläufig den innergemeinschaftlichen Handel beeinträchtigen; vgl. *W. Keßler*, DÖV 1977, 619, 620; *P.-Ch. Müller-Graff*, ZHR Bd. 152 [1988], 403, 434; *G. Ress*, Kultur und Europäischer Binnenmarkt, S. 140.

166 Vgl. etwa EuGH - Deufil, Slg. 1987, 901, 924 f.; EuGH - van der Krooy, Slg. 1988, 219, 276; siehe ferner *N. Löw*, Der Rechtsschutz des Konkurrenten gegenüber Subventionen aus gemeinschaftsrechtlicher Sicht, S. 87 f.

167 *N. Löw*, Der Rechtsschutz des Konkurrenten gegenüber Subventionen aus gemeinschaftsrechtlicher Sicht, S. 88; *P.-Ch. Müller-Graff*, ZHR Bd. 152 [1988], 403, 434; *H.-W. Rengeling*, in: B. Börner/K. Neundörfer (Hrsg.), Recht und Praxis der Beihilfe im Gemeinsamen Markt, S. 23, 31 f.; *G. v. Wallenberg*, in: Grabitz (Hrsg.), EWG-Vertrag, Art. 92 Rdnr. 29; *F.-H. Wenig*, in: H. von der Groeben/J. Thiesing/C.-D. Ehlermann, EWG-Vertrag, Art. 92 Rdnrn. 22 f., 25; siehe auch *R. Geiger*, EG-Vertrag, Art. 92 Rdnr. 16; *G. Ress*, Kultur und Europäischer Binnenmarkt, S. 140.

168 Zu den Erscheinungsformen grenzüberschreitendenden Rundfunks - unter kompetenzrechtlichen Gesichtspunkten - *H. Gersdorf*, in: C.-E. Eberle/H. Gersdorf, Der grenzüberschreitende Rundfunk im deutschen Recht, S. 21 ff., insbesondere 24 ff.

169 Nach der Rechtsprechung des EuGH - Veronica, EuZW 1993, 251, 252, bleibt es den einzelnen Unionsstaaten unbenommen, den in ihrem Hoheitsgebiet zugelassenen

die wirtschaftlichen Rahmenbedingungen dieser grenzüberschreitenden Lebenssachverhalte einzelstaatlich parzellierten Märkten zuordnen. Die Rundfunkgebührenfinanzierung vermittelt den öffentlich-rechtlichen Rundfunkanstalten daher einen Wettbewerbsvorteil gegenüber den inländischen und ausländischen privaten Rundfunkveranstaltern, die von vornherein nicht in den Genuß dieser Finanzierungsform kommen können. Das System der Gebührenfinanzierung des öffentlich-rechtlichen Rundfunks ist demnach geeignet, den Handel zwischen den Mitgliedstaaten der Europäischen Union zu beeinträchtigen.

6. Gesichtspunkt nationaler Repräsentation als ungeschriebener Grund für die Exemtion staatlicher Förderungen im Kultursektor aus dem Anwendungsbereich der Art. 92 ff. EGV?

G. Ress[170] hat die Frage aufgeworfen, ob unter dem Gesichtspunkt nationaler Repräsentation Teile staatlicher Kulturförderung aus dem Anwendungsbereich der EG-Beihilfevorschriften ausgeklammert werden müßten, weil sich in der Kultur ein Stück nationaler Selbstdarstellung manifestiere, die der Verfügungsgewalt der Gemeinschaft entzogen sei. Ausgangspunkt seiner Überlegung ist die Entscheidung des Europäischen Gerichtshofes in der Rechtssache *Donà/Mantero*, in der es um die Anwendbarkeit der Freizügigkeitsregeln auf den Bereich des Profifußballsports ging; der Europäische Gerichtshof führte in dieser Entscheidung aus, die Grundfreiheiten des Vertrages stünden „einer Regelung oder Praxis nicht entgegen, welche die ausländischen Spieler von der Mitwirkung bei bestimmten Begegnungen aus nichtwirtschaftlichen Gründen ausschließt, die mit dem besonderen Charakter und Rahmen dieser Begegnung zusammenhängen und deshalb ausschließlich den Sport als solchen betreffen, wie dies z.B. bei Begegnungen zwischen Nationalmannschaften der Fall ist“[171]. Der dieser Entscheidung zugrundeliegende Gedanke der nationalen

---

(privaten) Rundfunkveranstaltern die Beteiligung an ausländischen Rundfunkunternehmen zu untersagen, welche für den erstgenannten Mitgliedstaat bestimmte Programme veranstalten; diese Entscheidung ist insoweit zu beanstanden, als der Gerichtshof Art. 10 EMRK als Maßstabsnorm nicht einmal heranzieht, obwohl jede Form der Beschränkungen von Grundfreiheiten des EGV im Lichte der Gemeinschaftsgrundrechte zu würdigen ist (vgl. im Hinblick auf die Schutzklausel des Art. 66 EGV i.V.m. Art. 56 EGV EuGH - ERT, Slg. I 1991, 2925, 2964); ob entsprechende, die Auslandsbetätigung nationaler Rundfunkveranstalter betreffende Rechtsvorschriften der Mitgliedstaaten auch vor Art. 10 EMRK Bestand haben, steht auf einem anderen Blatt.

170 Kultur und Europäischer Binnenmarkt, S. 50 ff., 135, 144 f., 148 f.

171 EuGH - Donà/Mantero, Slg. 1976, 1333, 1340; hierzu ausführlich *M. Klose*, Die Rolle des Sports bei der europäischen Einigung, S. 153 ff.; *W. Schroeder*, Sport und Europäische Integration, S. 24 ff.

Repräsentation, so *G. Ress*, dränge auch im Bereich der staatlichen Kulturpolitik auf Verwirklichung. Regelungen, die der staatlichen Selbstdarstellung, der Schaffung und Erhaltung von kultureller Identität dienten, stünden die Beihilfevorschriften nicht entgegen[172].

Dieser Ansatz verdient zweifelsfrei Zustimmung, weil die nationale Selbstdarstellung zu dem Reservat der Mitgliedstaaten zählt, das jedweder Verfügung der allein durch sie legitimierten europäischen Zentralgewalt[173] von vornherein entzogen ist. Die Souveränität der Mitgliedstaaten der Europäischen Union ist zwar in dem Maße begrenzt und modifiziert, wie sie Aufgaben der Union zur gemeinschaftlichen Erledigung übertragen haben; ihrer Eigenstaatlichkeit gehen sie dadurch aber nicht verlustig. Dementsprechend hat die Union auf die nationale Identität ihrer Mitgliedstaaten zu achten (Art. F Abs. 1 EUV)[174]. Aus diesem Grunde darf die Union diejenigen Handlungsmöglichkeiten der Mitgliedstaaten nicht einschränken, geschweige denn beseitigen, derer sie bedürfen, um ihre nationale Identität und ihre identitätsstiftende Kulturstaatlichkeit als Ausdruck ihrer staatlichen Eigenständigkeit zur Entfaltung gelangen zu lassen[175]. Die Tragweite des Gedankens der nationalen Repräsentation bleibt indes unklar und seine Übertragbarkeit auf die von den öffentlich-rechtlichen Rundfunkanstalten wahrzunehmende - in erster Linie durch die Rundfunkgebühren finanzierte - Grundversorgungsaufgabe als einen die kulturelle Identität in Deutschland stiftenden und erhaltenden Faktor ungewiß[176]. Der angeschnittene Problemkreis braucht jedoch nicht vertieft zu werden. Denn mit Einfügung des Art. 92 Abs. 3 lit. d) EGV in das Beihilferegime durch den Vertrag zur Gründung der Europäischen Union ist jedweder Bereichsausnahme von kulturellen Fördermaßnahmen unter dem Gesichtspunkt der Wahrung nationaler Repräsentation zweifellos der Boden entzogen. Die fakultative „Befreiungsbestimmung" des Art. 92 Abs. 3 lit. d) EGV impliziert die Einbeziehung kultureller Fördermaßnahmen in das Beihilferegime

---

172 Kultur und Europäischer Binnenmarkt, S. 135 und 144 f.

173 Vgl. BVerfGE 75, 223, 242; BVerfG, NJW 1993, 3047, 3052.

174 BVerfG, NJW 1993, 3047, 3052 m.w.N.

175 Vgl. *G. Ress*, Kultur und Europäischer Binnenmarkt, S. 51.

176 *G. Ress*, Kultur und Europäischer Binnenmarkt, S. 135, betont ausdrücklich, daß „staatliche Einrichtungen, die kulturpolitische Aufgaben verfolgen, jedenfalls dann nicht vom Anwendungsbereich der Art. 92 ff. EWGV ausgenommen sind, wenn sie *erwerbswirtschaftlich* tätig sind" (Hervorhebung durch die Verf.); demnach dürfte auch der Gedanke der nationalen Repräsentation den Zugriff des Beihilferegimes auf das System der Gebührenfinanzierung des öffentlich-rechtlichen Rundfunks (wohl) nicht verwehren.

der Art. 92 ff. EGV, so daß für einen ungeschriebenen Rechtfertigungsgrund für kulturpolitisch motivierte Beihilfen (nunmehr) kein Raum verbleibt[177].

7. *Ergebnis*

Die Gebührenfinanzierung des öffentlich-rechtlichen Rundfunks erfüllt sämtliche in Art. 92 Abs. 1 EGV genannten Voraussetzungen. Sie ist eine aus staatlichen Mitteln, nämlich im Wege parafiskalischer Umverteilung gewährte staatliche Beihilfe, welche die Wettbewerbsfähigkeit der öffentlich-rechtlichen Rundfunkanstalten auf den Programmbeschaffungs-, Programmverwertungs- und Werbemärkten zugunsten der Sendeanstalten und zu Lasten konkurrierender inländischer und ausländischer privater Anbieter verändert und dadurch zugleich den Handel zwischen den Mitgliedstaaten der Europäischen Union beeinträchtigt. Demgegenüber sind die im Vergleich zu den Sendeanstalten günstigeren Wettbewerbsbedingungen der privaten Anbieter bei der Finanzierung aus Werbeeinnahmen, wie sie die Rundfunkgesetze der Länder vorsehen, beihilferechtlich irrelevant. Sie verändern zwar die wettbewerblichen Parameter zum Vorteil privater Rundfunkveranstalter. Diese Form staatlicher Intervention in den Wettbewerb ist aber nach tradierter Ansicht im Hinblick auf Art. 92 Abs. 1 EGV unschädlich, weil mit ihr keine Belastung öffentlicher Mittel einhergeht. Mit anderen Worten: Die Privilegierung des privaten Rundfunks wird nicht aus „staatlichen Mitteln" bestritten, ihr fehlt es an dem Art. 92 Abs. 1 EGV immanenten Erfordernis öffentlicher Finanzwirksamkeit.

III. Gemeinschaftsrechtliche Rechtfertigung der Gebührenfinanzierung des öffentlich-rechtlichen Rundfunks als kulturpolitisch motivierte Beihilfe der Bundesrepublik Deutschland

Da die durch die Rundfunkgebühr zu finanzierende Grundversorgungsaufgabe eine das kulturelle Leben in der Bundesrepublik Deutschland stiftende und erhaltende Funktion hat, können ihre gemeinschaftsrechtlichen Zulässigkeitsvoraussetzungen nur dann entfaltet werden, wenn zuvor Bedeutung und Stellenwert der Kultur und der kulturfördernden Maßnahmen in der Europäischen Union sichtbar gemacht werden. Hierzu erscheint es zunächst erforderlich, das Verhältnis von Kultur und europäischem Gemeinschaftsrecht näher zu bestimmen und insbesondere der Frage nach entsprechenden EG-Kompe-

---

177 Ebenso (wohl) auch *G. Ress*, DÖV 1992, 944, 954: „Die jetzt in Maastricht vorgeschlagene Neufassung in Art. 92 Abs. 3 bestätigt diese Argumentation", scil.: den Aspekt nationaler Repräsentation.

tenzen im Rundfunkbereich nachzugehen. Ein kurzer Rückblick auf die vertraglichen Grundlagen des bisher geltenden EWGV ist dabei unausweichlich.

1. EG-Rundfunkkompetenz nach Maßgabe des EWGV

Der EWGV räumte der Europäischen Gemeinschaft keine eigene Kompetenz im Bereich der Kultur ein, geschweige denn eine bereichsspezifische Kompetenz für den Rundfunk. Demnach war heftig umstritten - wenngleich sich die Auseinandersetzung im wesentlichen auf die Bundesrepublik Deutschland konzentrierte -, ob die Europäische Gemeinschaft auf dem Gebiete des Rundfunks tätig werden dürfe. Ausgangspunkt dieses Streits war der januskköpfige Charakter des Rundfunks in seiner kulturellen und zugleich auch wirtschaftlichen Dimension. Unter Hinweis auf die kulturspezifische Bedeutung des Rundfunks wird von einem Teil des Schrifttums bestritten, daß er von den primär wirtschaftspolitischen Kompetenzgrundlagen des EWGV erfaßt werde[178]. Demgegenüber beruft sich die insbesondere vom Europäischen Gerichtshof in ständiger Rechtsprechung eingenommene Gegenposition auf den wirtschaftlichen Charakter des Rundfunks und ordnet ihn namentlich den Vorschriften über die Dienstleistungsfreiheit[179], aber auch den Wettbewerbsregeln des EWGV[180] zu[181]. Dieser Streit um eine Kompetenz der Europäischen Gemeinschaft auf dem Feld des Rundfunks fand seinen Höhepunkt in dem seit 1989 vor dem Bundesverfassungsgericht anhängigen Verfahren, in dem mehrere Bundesländer unter anderem rügten, daß die Europäische Gemeinschaft bei Erlaß der - in erster Linie auf Art. 57 Abs. 2 EWG i.V.m. Art.

---

178 Stellvertretend für viele *H. Bethge*, Landesrundfunkordnung und Bundeskartellrecht, S. 50 ff., insbesondere 53 ff.; *J. Delbrück*, Die Rundfunkhoheit der deutschen Bundesländer im Spannungsfeld zwischen Regelungsanspruch der Europäischen Gemeinschaft und nationalem Verfassungsrecht, S. 39 ff.; *F. Ossenbühl*, Rundfunk zwischen nationalem Verfassungsrecht und europäischem Gemeinschaftsrecht, S. 13 ff.; *J. Rüggeberg*, VerwArch Bd. 83 [1992], 330 ff.; *L. Seidel*, NVwZ 1991, 120 ff., insbesondere 124 ff.

179 EuGH - Sacchi, Slg. 1974, 409, 428; EuGH - Debauve, Slg. 1980, 833, 856; EuGH - Bond van Adverteeders, Slg. 1988, 2085, 2125; EuGH - ERT, Slg. I 1991, 2925, 2959 ff.; EuGH - Stichting Collectieve Antenennenvoorziening Gouda u.a./Commissariat voor de Media, Slg. I 1991, 4007, 4040 ff.; EuGH - Kommission/Niederlande, Slg. I 1991, 4069, 4092 ff.; EuGH - Veronica, EuZW 1993, 251, 252.

180 Vgl. dazu bereits im Text unter C. II. 3 a), S. 36.

181 Aus dem Schrifttum statt vieler *Ch. Degenhart*, ZUM 1992, 449, 451 f. und 453 f.; *W.-H. Roth*, ZUM 1989, 101 ff.; *I. Schwartz*, AfP 1987, 375 ff.; *ders.*, ZUM 1989, 381 ff.

66 EWGV gestützten - EG-Fernsehrichtlinie[182] den ihr durch den EWGV gezogen kompetentiellen Rahmen überschritten habe[183, 184].

Der Streit kann im Rahmen dieser Untersuchung nicht detailgenau und in allen seinen Facetten nachgezeichnet werden. Dies erscheint auch entbehrlich, weil die Grundlage für diese wissenschaftliche Kontroverse mit dem Vertrag über die Gründung der Europäischen Union entfallen ist, wie sogleich noch zu zeigen sein wird. Gleichwohl seien einige wenige - eher anachronistische Züge tragende - Anmerkungen zu diesem Problemkreis erlaubt.

Zwar beruht der EWGV auf dem Prinzip der begrenzten Einzelermächtigung (vgl. Art. 4 Abs. 2 EWGV), das für jedwedes Tätigwerden der Europäischen Gemeinschaft eine darauf bezogene vertragliche Ermächtigung verlangt. Die Kompetenzabgrenzung zwischen der Gemeinschaft und den Mitgliedstaaten erfolgt jedoch - im Gegensatz zur verfassungsrechtlichen Kompetenzaufteilung zwischen Bund und Ländern - nicht sachgebietsbezogen. Mit Ausnahme einiger weniger sachgebietsbezogener Zuständigkeiten orientiert sich der EWGV an bestimmten Integrationszielen, die allesamt auf die Schaffung eines Gemeinsamen Marktes gerichtet sind. Diese Integrationsziele, wozu in erster Linie die fünf Grundfreiheiten des EWGV zählen, knüpfen an wirtschaftlich relevante Tätigkeiten mit grenzüberschreitender Bedeutung an. Zur Verwirklichung dieser Ziele sind der Gemeinschaft Kompetenzen, sogenannte funktionelle Zuständigkeiten („functional powers") eingeräumt, und zwar auch dann, wenn - wie etwa im Bereiche des Rundfunks wegen dessen Doppelcharakter als Wirtschafts- und Kulturgut - zugleich kulturelle Belange betroffen sind. Die Europäische Gemeinschaft besaß auf der Grundlage des EWGV zwar keine allgemeinen kulturpolitischen Kompetenzen, mit anderen Worten: sie war

---

182 Richtlinie vom 3. 10. 1989 zur Koordinierung bestimmter Rechts- und Verwaltungsvorschriften über die Ausübung der Fernsehtätigkeit, ABl. Nr. L 298 vom 17. 10. 1989, S. 23.

183 Hierzu *K. Gabriel-Bräutigam*, in: E.-J. Mestmäcker/Ch. Engel/K. Gabriel-Bräutigam/M. Hoffmann, Der Einfluß des europäischen Gemeinschaftsrechts auf die deutsche Rundfunkordnung, S. 39 ff.; *W. Hess*, AfP 1990, 95 ff.

184 In seiner Maastricht-Entscheidung hat das Bundesverfassungsgericht für sich die Kompetenz reklamiert, Rechtsakte der europäischen Einrichtungen und Organe darauf zu überprüfen, ob sie sich in den Grenzen der ihnen eingeräumten Kompetenzen halten oder aus ihnen ausbrechen (BVerfG, NJW 1993, 3047, 3052; siehe bereits BVerfGE 75, 223, 234); diese Entscheidung wirft spezifische Abgrenzungsprobleme zwischen den Jurisdiktionssystemen des Europäischen Gerichtshofs und des Bundesverfassungsgerichts auf, die weniger das „Ob" des vom Bundesverfassungsgericht beanspruchten Kontrollrechts, sondern vielmehr die Frage betreffen, mit welcher *Intensität* diese Überprüfungskompetenz ausgeübt werden darf; vgl. hierzu *H. Gersdorf*, Das Kooperationsverhältnis zwischen deutscher Gerichtsbarkeit und Europäischem Gerichtshof, erscheint in DVBl., Heft 12/1994.

„kulturpolitisch blind". Dies schloß jedoch eine Regelungskompetenz der Gemeinschaft im Kulturbereich nicht aus, sofern das entsprechende Regelungsziel ökonomisch und nicht (allein) kulturpolitisch geprägt ist. Hiervon geht auch Art. 36 EWGV aus, der unter anderem Schutzmaßnahmen zugunsten von Kulturgütern gestattet. Diese Vorschrift wäre gegenstandslos, wenn das Gebiet der Kultur von dem Anwendungsbereich des EWGV ausgeklammert bliebe[185].

2. Kultur- und Rundfunkkompetenz der Europäischen Union nach Maßgabe des EGV

Während der Europäischen Gemeinschaft nach dem EWGV keine allgemeine Kulturkompetenz zustand, ihr kulturrelevanter Aktionsradius nur als Annex zu ihren funktionellen Zuständigkeiten kompetentiell legitimiert war, eröffnet der Vertrag von Maastricht der Europäischen Union ein weites Feld für fördernde, unterstützende und ergänzende Maßnahmen zugunsten der Entfaltung der Kulturen in den Mitgliedstaaten. Nach Art. 3 lit. p) EGV leistet die Gemeinschaft einen Beitrag zur Entfaltung des Kulturlebens in den Mitgliedstaaten. Um dieses Ziel erreichen zu können, wird der Union mit Art. 128 EGV ein spezieller sachgebietsbezogener Kompetenztitel zugewiesen[186]. Nach seinem Abs. 1 leistet die Gemeinschaft einen Beitrag zur Entfaltung der Kulturen der Mitgliedstaaten unter Wahrung ihrer nationalen und regionalen Vielfalt sowie gleichzeitiger Hervorhebung des gemeinsamen kulturellen Erbes. Hierzu fördert die Union durch ihre Tätigkeit die Zusammenarbeit zwischen den Mitgliedstaaten und unterstützt sowie ergänzt erforderlichenfalls deren Tätigkeit in den zentralen Bereichen kulturellen Schaffens (Art. 128 Abs. 2 EGV). Es handelt sich also um eine Unterstützung und Ergänzung der Kulturpolitik der Mitgliedstaaten. Den Mitgliedstaaten werden daher keine Kompetenzen in dem betroffenen Bereich entzogen: Die EG-Kulturkompetenz tritt lediglich neben die der Mitgliedstaaten[187], wobei die Gemeinschaft auch ohne entsprechende kulturpolitische Aktivitäten der Unionsstaaten tätig werden kann, weil sie „ergänzend" und mithin selbständig handeln darf[188]. Die Gegenstände dieser EG-Förderkompetenz sind in Art. 128 Abs. 2 EGV im einzelnen aufgeführt. Zu dem Förderkatalog zählt auch das künstlerische und literarische Schaffen einschließlich des audiovisuellen Bereichs. Fraglich ist,

---

185 Zutreffend *G. Ress*, Kultur und Europäischer Binnenmarkt, S. 28; siehe auch *W.-H. Roth*, ZUM 1989, 101, 102 Fn. 5.

186 Zu Art. 128 EGV *K. Bohr/H. Albert*, ZRP 1993, 61, 64 ff.; *C.-E. Eberle*, AfP 1993, 422, 425 f.; *ders.*, in: Festschrift für W. Thieme, S. 939, 949 ff.; *R. Geiger*, EG-Vertrag, Art. 128; *G. Ress*, DÖV 1992, 944, 947 f.; *I. Schwartz*, AfP 1993, 409, 417 f.

187 *I. Schwartz*, AfP 1993, 409, 417: „*Komplementäre* Kompetenzen".

188 *G. Ress*, DÖV 1992, 944, 947.

ob sich hieraus eine Förderkompetenz für den Rundfunk allgemein herleiten läßt. Nach dem Wortlaut scheint die Förderungskompetenz auf die Gegenstände der Kunst und der Literatur bezogen und zugleich beschränkt zu sein. Fördermaßnahmen im Bereich der elektronischen Medien sind danach nur insoweit zulässig, als sie die Produktion und Verbreitung künstlerischer und literarischer Darbietungen betreffen. Mit anderen Worten: Der Zusatz „einschließlich im audiovisuellen Bereich" ist anscheinend akzessorisch an die Fördergegenstände der Kunst und Literatur geknüpft, ohne dabei die elektronischen Medien als solche zu einem eigenständigen, neben dem künstlerischen und literarischen Schaffen stehenden Fördergegenstand avancieren zu lassen. Folgte man dieser Auslegung, so stieße die finanzielle Unterstützung des Rundfunks im allgemeinen und die Subventionierung bestimmter Rundfunkkanäle[189] im besonderen aus Mitteln der Union unter kompetentiellen Gesichtspunkten auf erhebliche Bedenken[190, 191].

---

189 Wie etwa des Nachrichtenkanals EURONEWS oder des europäischen Kulturkanals ARTE.

190 Insoweit zweifelnd bis ablehnend *C.-E. Eberle*, AfP 1993, 422, 425; *ders.*, in: Festschrift für W. Thieme, S. 939, 949 f. - Zu prüfen wäre freilich, ob die beiden weiteren in Art. 128 Abs. 2 EGV aufgeführten Fördergegenstände („Verbesserung der Kenntnis und Verbreitung der Kultur und Geschichte der europäischen Völker" sowie „Erhaltung und Schutz des kulturellen Erbes von europäischer Bedeutung") auch unabhängig von der jeweiligen technischen Verbreitungsform zum Tragen kommen und deshalb EG-Maßnahmen zur Erhaltung und Stärkung des kulturellen Auftrages des Rundfunks kompetentiell zulässig sind.

191 Neben diesen kompetentiellen Aspekten wirft die Förderung von bestimmten Rundfunkveranstaltern durch die Europäische Union Probleme auf, die in den Mitgliedstaaten der Union unter dem Gesichtspunkt der Staatsfreiheit des Rundfunks diskutiert werden. Das Handeln der europäischen Organe und Einrichtungen ist bereits heute ein wesentlicher Bestandteil der politikbezogenen Programmgestaltung der transnational operierenden Rundfunkveranstalter, namentlich bei den (multilateralen) Rundfunksendern mit eurozentrierter und auf die Verbreitung von Nachrichten und sonstigen politischen Informationen konzentrierter Berichterstattung (EURONEWS). Auch die Europäische Union als Zusammenschluß unabhängiger und souveräner Staaten unterliegt der öffentlichen Kritik und Kontrolle. Da diese wiederum entscheidend von der Freiheit der Medien abhängt, darf den Organen und Einrichtungen der Europäischen Union kein Einfluß auf die Gestaltung von Rundfunkprogrammen eingeräumt werden. Der Rundfunk kann seiner Kontroll- und Überwachungsfunktion gegenüber der Union nur dann wirksam nachkommen, wenn diese keinen Einfluß auf die Programmgestaltung einzelner Rundfunkveranstalter gewinnen kann. Aus diesem Grunde stößt die selektive Förderung einzelner Rundfunkanbieter, insbesondere im politisch hochsensiblen Bereich der Nachrichtenkanäle, auf erhebliche Bedenken, weil die publizistische die finanzielle Unabhängigkeit voraussetzt (vgl. dazu *C.-E. Eberle*, AfP 1993, 422, 428; *ders.*, in: Festschrift für W. Thieme, S. 939, 957; siehe zur Parallelproblematik der Überwachung der Einhaltung der EG-Fernsehrichtlinie durch die EG-

Von erheblicher integrationspolitischer Bedeutung ist Art. 128 Abs. 4 EGV, wonach die Gemeinschaft den kulturellen Aspekten bei ihrer Tätigkeit aufgrund anderer Bestimmungen des Vertrags Rechnung trägt. Eine Bestimmung des Begriffs „kulturelle Aspekte" fehlt zwar in Art. 128 EGV; aus systematischen Überlegungen folgt aber, daß damit die „Kulturen der Mitgliedstaaten" und das „gemeinsame kulturelle Erbe" im Sinne des Art. 128 Abs. 1 EGV gemeint sind[192]. Die Tragweite dieser Bestimmung ist hingegen noch nicht präzise ausgelotet und wird künftig wohl noch zu weiteren Kontroversen führen. Zwei Interpretationseckpunkte dürften aber als unverrückbar feststehen: Zum einen ist der Europäischen Union mit Art. 128 Abs. 4 EGV kein Kompetenztitel zur Verfolgung einer eigenen Kulturpolitik zugewachsen, der auch jenseits der ihr durch den Vertrag zugewiesenen Kompetenzen zur Geltung gebracht werden könnte[193]. Die Formulierung „Tätigkeit aufgrund anderer Bestimmungen dieses Vertrages" läßt deutlich werden, daß die Gemeinschaft nur in dem Rahmen bestehender Kompetenzen, nicht aber außerhalb derselben kulturelle Ziele verfolgen darf. Zum anderen besagt Art. 128 Abs. 4 EGV, daß die Vorschriften des Vertrages auch dann auf sämtliche entgeltliche Tätigkeiten Anwendung finden, wenn diese kulturelle Aspekte aufweisen. Die der Gemeinschaft mit Art. 128 Abs. 4 EGV auferlegte Verpflichtung, den kulturellen Aspekten bei ihrer Tätigkeit aufgrund anderer Vorschriften des Vertrages Rechnung zu tragen, impliziert dessen Geltungserstreckung auf entgeltliche Tätigkeiten mit kultureller Einfärbung. Die Gemeinschaft darf damit auch in Zukunft in bezug auf Tätigkeiten, Güter und Rechte mit kulturellen Aspekten tätig werden. Sie bleibt im Rahmen ihrer Kompetenzen auch für die Verwirklichung des vom Vertrag gesetzten Ziels des Binnenmarktes für Kulturträger, Kulturgüter und Kulturleistungen zuständig[194]. Sie ist nicht auf eine rein wirtschaftliche Betrachtungsweise beschränkt, sondern muß die übrigen Politiken in Einklang mit den Erfordernissen der Kultur gestalten[195]. Den insbesondere von deutscher Seite vorgetragenen Einwänden gegen die Anwendbarkeit der Vorschriften über die Dienstleistungsfreiheit oder der Wettbewerbsregeln auf rundfunkbezogene Lebenssachverhalte ist insofern der Boden entzogen. Art. 128 Abs. 4 EGV hebt den Bereich des grenzüberschreitenden Rundfunks, dessen Regelung sich die Gemeinschaft auch schon bislang angenommen hatte und nach ständiger Rechtsprechung des Europäischen Gerichtshofes von den

---

Kommission *A. Hesse*, JZ 1993, 545, 547). Um Mißverständnissen vorzubeugen, sei darauf hingewiesen, daß nicht die Förderung integrationsdienender Rundfunkprogramme als solche, sondern nur die fehlende organisatorische, verfahrens- und materiellrechtliche Ausgestaltung entsprechender Förderpraktiken Anlaß zur Kritik bietet.

192 So auch *G. Ress*, DÖV 1992, 944, 947.

193 Vgl. auch *I. Schwartz*, AfP 1993, 409, 418.

194 *I. Schwartz*, AfP 1993, 409, 417.

195 *I. Schwartz*, AfP 1993, 409, 417.

vertraglichen Grundlagen mitumfaßt war, aus der vermeintlichen Grauzone gemeinschaftlicher Zuständigkeit heraus auf die Ebene ausdrücklicher Kompetenzzuweisung[196] und vermittelt damit der Europäischen Union die Legitimation für ihr Tätigwerden auf kulturellem Terrain[197, 198]. Die Kulturverträglichkeitsklausel des Art. 128 Abs. 4 EGV verpflichtet die Gemeinschaft, die Kulturen der Mitgliedstaaten in ihrer nationalen und regionalen Vielfalt in sämtlichen ihr zugewiesenen Politikfeldern zu wahren und nach Möglichkeit

---

196 Vgl. zu dieser Gesamtintention des Vertrages über die Gründung der Europäischen Union *F. L. Graf Stauffenberg/Ch. Langenfeld*, ZRP 1992, 252, 254.

197 Ebenso ausdrücklich *I. Schwartz*, AfP 1993, 409, 417; siehe auch *G. Ress*, DÖV 1992, 944, 947 f.; vgl. ferner, allerdings in bezug auf den Art. 128 EGV allgemein: *C.-E. Eberle*, AfP 1993, 422, 425; *ders.*, in: Festschrift für W. Thieme, S. 939, 949.

198 Demgegenüber bestreitet *A. Hesse*, JZ 1993, 545, 547 ff., die Handlungs- und Regelungskompetenz der Europäischen Union, soweit es um die demokratische Funktion des Rundfunks gehe; insoweit könne „die Gemeinschaft nicht tätig werden, auch wenn sie wirtschaftliche Ziele verfolgt und damit ihre Zuständigkeit zunächst gegeben ist. Denn ist der demokratische Willensbildungsprozeß in den Mitgliedstaaten angesiedelt, können auch nur dort die entsprechenden Ziele erreicht werden, nicht hingegen auf der Ebene der Gemeinschaft" (S. 548 f.). Auf der Grundlage des von ihm entwikkelten Kriteriums der „demokratischen Funktion" als negativem Bestimmungstopos für Unionskompetenzen erklärt er den gesamten Bereich der funktionssichernden Ausgestaltung der Rundfunkfreiheit zu einem der Verfügungsgewalt der Union exemtierten, also zu einem „EG-festen" Reservat der Mitgliedstaaten (S. 549 f.). Dabei wird übersehen, daß die Ausgestaltung der Rundfunkfreiheit eine die kulturelle Aufgabe des Rundfunks sichernde Funktion hat und damit kraft Art. 128 Abs. 4 EGV der Zuständigkeit der Union nicht von vornherein entzogen ist. Auf einem anderen Blatt steht freilich, ob die Union bei ihrer Tätigkeit die kulturpolitischen Vorgaben der Mitgliedstaaten schlechthin zu respektieren hat oder aber - im Rahmen ihrer Zuständigkeiten, also bei Anwendung anderer Vorschriften des Vertrages - in eigener Regie definierte kulturelle, medienspezifische Ziele verfolgen darf (vgl. dazu sogleich im Text). Die grundsätzliche Zuständigkeit der Union für entgeltliche Tätigkeiten mit kultureller Dimension, wie etwa für den Rundfunk, bleibt hierdurch unberührt. Schließlich bleibt *A. Hesse* seiner Argumentationslinie insoweit selbst nicht treu, als er der Europäischen Union den Zugriff auf den Sektor des privaten Rundfunks, der „nach dem Gesetz des privatwirtschaftlichen Wettbewerbs angetreten" (S. 550) sei, eröffnen möchte. Auch wenn an die Veranstaltung privaten Rundfunks im Vergleich zu den öffentlich-rechtlichen Sendeanstalten ungleich geringere publizistische Anforderungen gestellt werden, geht es auch insoweit nicht um einen Akt privatautonomer Lebensgestaltung der privaten Rundfunkunternehmen (vgl. nur BVerfGE 83, 238, 315). Auch die Veranstaltung und Verbreitung privater Rundfunkprogramme unterfällt unstreitig dem rundfunkspezifischen Ausgestaltungsvorbehalt und müßte dem Ansatz *A. Hesses* zufolge daher ebenso wie der öffentlich-rechtliche Rundfunk der Kompetenz der Europäischen Union a priori entrückt sein.

nicht zu beeinträchtigen, kurzum: Sie enthält das Gebot der Gemeinschaft zur Rücksichtnahme auf die kulturellen Belange der Mitgliedstaaten[199].

Fraglich ist jedoch, ob Art. 128 Abs. 4 EGV in einer über das Gebot der Rücksichtnahme hinausgehenden Weise auszulegen ist und die Gemeinschaft im Rahmen ihrer Zuständigkeiten zur Verfolgung eigenverantwortlich definierter und bestimmter kultureller Ziele berechtigt. Die Gemeinschaft verfügte dann nach Art. 128 Abs. 4 EGV zwar über keinen eigenständigen Kompetenztitel; der Schutz der Kultur als solche berechtigte noch nicht zu einem gemeinschaftlichen Handeln. Gleichwohl hypostasierte der Kulturaspekt zu einer an die entsprechende Sachkompetenz akzessorisch geknüpften Sekundärkompetenz. Gegen eine solche kompetenzerweiternde Auslegung führt *C. -E. Eberle* als Argument ins Feld, daß Art. 128 Abs. 5 EGV mögliche Fördermaßnahmen unter Ausschluß jeglicher Harmonisierung der Rechts- und Verwaltungsvorschriften an strenge Verfahrensvoraussetzungen und an das Einstimmigkeitsprinzip binde, worin sich der Wille des Normgebers objektiviere, die begriffliche Weite der kulturbezogenen Kompetenz verfahrensmäßig wieder einzufangen. Die Kulturkompetenz dürfe nicht zu einer alles überwuchernden Universalzuständigkeit werden, die Vorschrift sei insgesamt restriktiv auszulegen[200]. Dem wird man jedoch entgegenhalten müssen, daß bei einer kompetenzerweiternden Auslegung der Gemeinschaft keinesfalls eine auf den Bereich der Kultur bezogene Universalzuständigkeit eröffnet wäre. Denn die kompetenzerweiternden Gehalte des Art. 128 Abs. 4 EGV könnten nur innerhalb des der Gemeinschaft zugeordneten Kompetenzbereichs zum Tragen kommen. Aus diesem Grunde erscheint auch das systematische Argument *C.-E. Eberles* anfechtbar: Bei kulturellen Fördermaßnahmen nach Art. 128 Abs. 5 EGV liegen dem Handeln der Europäischen Union *ausschließlich* kulturelle Ziele zugrunde, während die kulturellen Aspekte im Rahmen des Art. 128 Abs. 4 EGV lediglich als Sekundärkompetenzen neben die auf die Verwirklichung des Binnenmarktes gerichteten Primärzuständigkeiten treten. Diese funktionalen Divergenzen beider Regelungen lassen systematische Überlegungen als wenig stichhaltig erscheinen[201]. Für die in Rede stehende weite

---

199 Vgl. *C.-E. Eberle*, AfP 1993, 422, 426; *ders.*, in: Festschrift für W. Thieme, S. 939, 950 f.; *I. Schwartz*, AfP 1993, 409, 418; *G. Ress*, DÖV 1992, 944, 947 f.

200 In: AfP 1993, 422, 426 und in: Festschrift für W. Thieme, S. 939, 951.

201 Im übrigen sei darauf hingewiesen, daß bei jeder Harmonisierung der Rechts- und Verwaltungsvorschriften der Mitgliedstaaten in den rundfunkrelevanten Fällen des Art. 66 EGV i.V.m. Art. 57 Abs. 2 EGV künftig nur im Verfahren nach § 189b EGV zu entscheiden ist; auch erscheint insoweit eine verfahrensrechtliche Beteiligung des Ausschusses der Regionen hinreichend gesichert zu sein, weil bei einer weiteren Harmonisierung der Rechts- und Verwaltungsvorschriften der Mitgliedstaaten mit rundfunkrechtlichem Bezug die Anhörung dieses die föderalen Strukturen in der Union sichernden Ausschusses „zweckmäßig“ (Art. 198c Abs. 1 EGV) erscheint; ausführlich

Auslegung des Art. 128 Abs. 4 EGV spricht schließlich, daß der Begriff der „kulturellen Aspekte“, wie bereits erwähnt, neben den Kulturen der Mitgliedstaaten auch das gemeinsame kulturelle Erbe erfaßt. Das gemeinsame kulturelle Erbe läßt sich aber nicht auf der Ebene der Mitgliedstaaten, sondern nur zentral durch die Europäische Union selbst definieren, woraus sich bereits ergibt, daß Art. 128 Abs. 4 EGV eine über die Wahrung der kulturellen Identität der Mitgliedstaaten hinausgehende, das Gebot der Rücksichtnahme erweiternde Funktion besitzt und der Gemeinschaft die Kompetenz zuweist, im Rahmen ihrer Zuständigkeiten eigene kulturpolitische Zielsetzungen zu verwirklichen[202].

Dieses Ergebnis könnte endlich auch durch neuere Entwicklungen auf der Ebene der Gemeinschaftsgrundrechte indiziert sein, wonach die Gemeinschaft verpflichtet ist, den kulturellen Auftrag der transnational operierenden Rundfunkveranstalter sicherzustellen und insbesondere für die gebotene Vielfalt in der europäischen Medienlandschaft Sorge zu tragen[203]. Dem stehen aber grundsätzliche Erwägungen entgegen: Die Gemeinschaftsgrundrechte als allgemeine Grundsätze des Gemeinschaftsrechts vermögen der Europäischen Union keine zusätzlichen Kompetenzen zu vermitteln. Vielmehr kommen sie nur innerhalb der der Gemeinschaft zugewiesenen Politikfelder zur Anwendung und drängen nur im Rahmen des (primären und sekundären) Gemeinschaftsrechts auf Verwirklichung. Die Anwendbarkeit gemeinschaftsrechtlicher Grundrechte setzt mithin ein kompetenzgemäßes, d.h. durch die Vorschriften des EGV gedecktes Handeln der EG-Organe voraus. Nur soweit eine entsprechende Kompetenz vorliegt, können grundrechtliche Schutzansprüche zur Geltung gelangen. Die Gemeinschaftsgrundrechte ersetzen weder den erforderlichen Kompetenztitel noch stellen sie einen solchen dar, sondern sind

---

zum Ausschuß der Regionen gemäß Art. 198a ff. EGV vgl. *A. Schink*, DÖV 1992, 385 ff.; *M. Schweitzer/O. Fixson*, Jura 1992, 579, 585.

202 Ebenso zur Pluralismussicherung auf gemeinschaftlicher Ebene *I. Schwartz*, AfP 1993, 409, 421: „Für die Verfolgung dieses zweiten Zieles (scil.: nämlich des Schutzes der Pluralität im Bereiche des grenzüberschreitenden [privaten] Rundfunks; die Verf.) für sich allein ist die Gemeinschaft unzuständig. Aber darf und kann sie das Erfordernis der Medienvielfalt negieren, wenn sie den Binnenmarkt für die Medien verwirklicht, was ihr aufgegeben ist? Darf sie also das Ziel des Pluralismus mitverfolgen? Nicht als solches, sondern als kulturellen Aspekt als Bestandteil des Binnenmarktes der Medien? Schreibt der künftige Art. 128 Abs. 4 EGV nicht genau dies vor ...? Die Antwort kann m.E. nur bejahend ausfallen: Der Sicherung des Pluralismus ist im Rahmen des der Gemeinschaft gesetzten Zieles Binnenmarkt Rechnung zu tragen“; insoweit mißverständlich und irreführend sind aber die Ausführungen auf S. 418: Art. 128 Abs. 4 EGV beinhalte keine „Erweiterung der Zuständigkeit (also der Ziele und Befugnisse) ...“.

203 Dazu sogleich.

vielmehr durch diesen bedingt[204]. Daher können die Grundrechte auch nicht herangezogen werden, um eine weite, kompetenzerweiternde Auslegung des Art. 128 Abs. 4 EGV zu begründen. Das hermeneutische Instrumentarium muß anderweitig gewonnen werden.

Im Ergebnis kann daher festgehalten werden, daß die Europäische Union nach Art. 128 Abs. 4 EGV kompetentiell berechtigt ist, bei Anwendung anderer Vorschriften des Vertrages in eigener Regie definierte kulturelle und medienspezifische Ziele zu verfolgen.

3. *Schutz des Pluralismus im Rundfunk und Gemeinschaftsgrundrechte*

Trotz fehlender Kodifizierung eines Grundrechtskatalogs haben sich auch auf der Ebene des europäischen Gemeinschaftsrechts grundrechtliche Schutzansprüche herausgebildet. Unmittelbare Rechtsquelle für die Gemeinschaftsgrundrechte sind nach der Rechtsprechung des Europäischen Gerichtshofes die allgemeinen Rechtsgrundsätze des Gemeinschaftsrechts[205], die sich inhaltlich aus den gemeinsamen Verfassungsüberlieferungen der Mitgliedstaaten und aus der am 4. November 1950 in Rom unterzeichneten Europäischen Konvention zum Schutze der Menschenrechte und Grundfreiheiten (EMRK) speisen. In der neueren Rechtsprechung zieht der Gerichtshof auch das „soft law" der Europäischen Gemeinschaft zum Grundrechtsschutz heran, soweit es

---

204 Auch das Europäische Parlament ist bei der Konzeption seiner Erklärung über Grundrechte und Grundfreiheiten vom 12. April 1989 von diesem Verständnis ausgegangen: „Die Erklärung muß auch ihren Geltungsbereich ratione materiae festlegen. Dieser Geltungsbereich wäre der Geltungsbereich des Gemeinschaftsrechts. Es ist nämlich nicht Ziel der Erklärung, der Gemeinschaft eine neue Kompetenz im Bereich der Grundrechte zu verleihen, sondern lediglich die gesamte geltende Gesetzgebung der Gemeinschaft der Achtung der Grundrechte zu unterstellen" (Bericht im Namen des Institutionellen Ausschusses über die Erklärung der Grundrechte und Grundfreiheiten, *K. De Gucht* [Hauptberichterstatter], EuGRZ 1989, 207, 211). Mangels Rechtsetzungskompetenz des Europäischen Parlaments kommt der Erklärung vom 12. April 1989 zwar unmittelbar keine rechtsverbindliche Wirkung zu. Dennoch dürfte die Erklärung als „soft law" des Gemeinschaftsrechts eine zusätzliche Erkenntnisquelle für die grundrechtsbezogene Rechtsprechung des Europäischen Gerichtshofes darstellen und damit faktisch eine gewisse normative Funktion besitzen; vgl. zur Bedeutung dieser Erklärung für die künftige EG-Grundrechtsentwicklung *B. Beutler*, EuGRZ 1989, 185, 187; *D. Feger*, Die Grundrechte im Recht der Europäischen Gemeinschaft, S. 245 ff.; *E. Klein/M. Beckmann*, DÖV 1990, 179, 180; *I. Pernice*, NJW 1990, 2409, 2415; *H.-W. Rengeling*, Grundrechtsschutz in der Europäischen Gemeinschaft, S. 183.

205 Vgl. Art. 215 Abs. 2 EGV und Art. 188 Abs. 2 EAGG; für einen Überblick über die einschlägige Judikatur des Europäischen Gerichtshofs siehe etwa *M. Schweitzer/W. Hummer*, Europarecht, S. 198 ff.

insbesondere um die Maßgeblichkeit der EMRK für das Gemeinschaftsrecht geht[206].

Der Blick auf das Recht und die Rechtsprechung der Mitgliedstaaten läßt augenscheinlich werden, daß der Aspekt der Medienvielfalt einen Rechtswert mit verfassungsrechtlicher Wertigkeit darstellt, wenngleich das Konzept des Pluralismus insoweit - in Abweichung zu der vom Bundesverfassungsgericht entwickelten Dogmatik zu Art. 5 Abs. 1 S. 2 GG - als eine von außen an die Kommunikationsgrundrechte herangetragene, diese einschränkende normative Kategorie fungiert. Es soll das Prinzip der freien Meinungsäußerung in seiner Tragweite einschränken, um auf diese Weise der Öffentlichkeit Informationsvielfalt zu verschaffen[207]. Im Interesse der Medienvielfalt wird es gemeinhin für zulässig erachtet, Rundfunklizenzen in einem den Gleichheitssatz wahrenden Verfahren zu vergeben und gegebenenfalls zu verweigern sowie die Beteiligung an einem anderen Medienunternehmen zu versagen, um auf diese Weise der Bildung meinungsbestimmender multimedialer Konglomerate vorzubeugen[208]. Allerorten steht die klassische Public-Service-Funktion des Rundfunks im Vordergrund, die ein Primat des Informationsinteresses der Allgemeinheit gegenüber den Belangen der Veranstalter statuiert und damit weitreichende Einschränkungen ihrer Freiheiten legitimiert[209].

Auch der Europäische Gerichtshof verschließt sich diesen auf Wahrung der gebotenen Vielfalt in den Medien bedachten Entwicklungen in seiner neuesten Rechtsprechung nicht. In der Rechtssache *Stichting Collectieve Antennevoor-*

---

206 EuGH - Marguerite Johnston, Slg. 1986, 1651, 1682: „Wie in der Gemeinsamen Erklärung der Versammlung, des Rates und der Kommission vom 5.4.1977 (ABlEG Nr. c 103, S. 1) und in der Rechtsprechung des Gerichtshofes anerkannt ist, sind die leitenden Grundsätze dieser Konvention im Rahmen des Gemeinschaftsrechts zu berücksichtigen"; vgl. *I. Pernice*, NJW 1990, 2409, 2414 f.; kritisch *U. Everling*, EuR 1990, 195, 219; *H.-W. Rengeling*, Grundrechtsschutz in der Europäischen Gemeinschaft, S. 182 f.

207 Vgl. zu den pluralitätsvermittelnden und -erhaltenden Regelungen und ihrer Bedeutung in den Rechtskulturen der Mitgliedstaaten der Europäischen Union ausführlich das Grünbuch der Kommission der Europäischen Gemeinschaften „Pluralismus und Medienkonzentration im Binnenmarkt. Bewertung der Notwendigkeit einer Gemeinschaftsaktion", Dok. KOM (1992) 480 endg., S. 14 ff.

208 Vg. dazu das Grünbuch der EG-Kommission „Pluralismus und Medienkonzentration im Binnenmarkt. Bewertung der Notwendigkeit einer Gemeinschaftsaktion", Dok. KOM (1992) 480 endg., S. 15.

209 Vgl. zur Spruchpraxis der Obersten Gerichtshöfe in Frankreich und in Italien das Grünbuch der EG-Kommission „Pluralismus und Medienkonzentration im Binnenmarkt. Bewertung der Notwendigkeit einer Gemeinschaftsaktion", Dok. KOM (1992) 480 endg., Anhang, S. 48 f. und 66 f.

ziening Gouda u.a./Commissariaat voor de Media[210] und *Kommission/Niederlande*[211] ging es um die Frage, ob Beschränkungen des freien Dienstleistungsverkehrs durch kulturpolitisch begründete Erwägungen gerechtfertigt werden können. Die niederländische Regierung hatte die nach niederländischem Recht vorgesehenen Werberestriktionen für ausländische Rundfunkprogramme in Kabelanlagen mit zwingenden Erfordernissen ihrer Kulturpolitik gerechtfertigt. Diese Politik solle die Meinungsfreiheit der verschiedenen gesellschaftlichen, kulturellen, religiösen und geistigen Strömungen in den Niederlanden schützen. Um dieses auf die Herausbildung gleichgewichtiger Vielfalt im elektronischen Medienbereich ausgerichtete Ziel erreichen zu können, müsse der Einfluß der werbetreibenden Wirtschaft auf die Programmgestaltung zurückgedrängt werden. Hierfür seien entsprechende Werbebeschränkungen für die in niederländische Kabelnetze eingespeisten ausländischen Rundfunkprogramme notwendig. Dieser Ansicht trat der Europäische Gerichtshof im Ergebnis entgegen und erklärte, daß die entsprechenden niederländischen Regelungen zur Sicherung eines pluralistischen nationalen Rundfunkwesens nicht erforderlich seien[212]. Dem soll im gegebenen Zusammenhang nicht weiter nachgegangen werden; wesentlich sind an dieser Stelle allein die grundrechtstheoretischen Ausführungen des Gerichtshofes zur Meinungsfreiheit des Art. 10 EMRK. Im einzelnen heißt es in der Entscheidung: „Zwar kann eine so verstandene Kulturpolitik einen zwingenden Grund des Allgemeininteresses darstellen, der eine Beschränkung des Dienstleistungsverkehrs rechtfertigt. Die Aufrechterhaltung eines pluralistischen Rundfunkwesens, die diese niederländische Politik gewährleisten soll, steht nämlich in einem Zusammenhang mit der durch Artikel 10 der Konvention zum Schutze der Menschenrechte und Grundfreiheiten garantierten Meinungsfreiheit, die zu den von der Gemeinschaftsordnung geschützten Grundrechten gehört“[213]. Auch wenn die Darlegungen des Gerichtshofes jedweder dogmatischen Begründung entbehren, so beinhalten sie dennoch die in ihrer Bedeutung wohl kaum hoch genug einzustufende Feststellung, daß die Aussagekraft des Art. 10 EMRK über seinen schlichten Abwehrgehalt hinausgeht und in eine weiterreichende Dimension vordringt: Art. 10 EMRK verbürgt nicht nur das Recht eines jeden - und damit auch eines jeden Rundfunkveranstalters -, sich eine eigene Meinung zu bilden und diese frei zu verbreiten, sondern garantiert der Öffentlichkeit zu-

---

[210] Slg. I 1991, 4007, 4036 ff.

[211] Slg. I 1991, 4069, 4089 ff.

[212] EuGH - Stichting Collectieve Antenennenvoorziening Gouda u.a./Commissariat voor de Media, Sgl. I 1991, 4007, 4044; EuGH - Kommission/Niederlande, Slg. I 1991, 4069, 4097 f.

[213] EuGH - Stichting Collectieve Antenennenvoorziening Gouda u.a./Commissariat voor de Media, Sgl. I 1991, 4007, 4043; EuGH - Kommission/Niederlande, Slg. I 1991, 4069, 4097.

gleich Informationsvielfalt. Der Gerichtshof entnimmt Art. 10 EMRK damit einen Zielwert, der sich aus dem status negativus nicht erklären läßt, sondern auf einer objektiv-rechtlich gespeisten grundrechtlichen Funktionsschicht fußt[214].

Die Aufrechterhaltung eines pluralistischen Rundfunksystems ist damit als Bestandteil der Kulturpolitik der Mitgliedstaaten gemeinschaftsgrundrechtlich fundiert und vermag Beschränkungen der Grundfreiheiten des Vertrages grundsätzlich zu rechtfertigen[215]. Der auf Wahrung gleichgewichtiger Vielfalt gerichtete Gehalt des Art. 10 EMRK ist daher auch bei der Anwendung und Auslegung der Wettbewerbsvorschriften, hier: des Beihilferegimes der Art. 92 ff. EGV zu beachten. Seine Ausstrahlungskraft drängt insbesondere bei der Interpretation des fakultativen „Befreiungstatbestands" des Art. 92 Abs. 3 lit. d) EGV auf Entfaltung und verlangt im Rahmen der gebotenen Abwägung mit dem kollidierenden Wettbewerbsprinzip eine erhöhte Akzentuierung der kulturbezogenen Zielsetzungen. Art. 92 Abs. 3 lit. d) EGV ist im Lichte der besonderen Bedeutung des Art. 10 EMRK für das kulturelle Leben in den Mitgliedstaaten der Europäischen Union auszulegen und bezieht erst hieraus seinen spezifischen Gehalt.

4. Fakultativer „Befreiungstatbestand" des Art. 92 Abs. 3 lit. d) EGV

Nach dem durch den Vertrag über die Europäische Union in das Beihilferegime eingefügten Art. 92 Abs. 3 lit. d) EGV kann es keine Zweifel mehr geben, daß auch kulturpolitisch orientierte Beihilfen dem sachlichen Anwendungsbereich der Art. 92 ff. EGV unterfallen[216]. Indem Art. 92 Abs. 3 lit. d) EGV Beihilfen zur Förderung der Kultur und der Erhaltung des kulturellen Erbes unter bestimmten Voraussetzungen für zulässig erklärt, konkretisiert diese Bestimmung das in Art. 128 Abs. 4 EGV niedergelegte Gebot der Rücksichtnahme der Gemeinschaft im Hinblick auf die kulturelle Identität der Mitgliedstaaten. Als eine speziell auf das Beihilferecht bezogene, bereichsspezifische Kulturverträglichkeitsklausel zugunsten der Wahrung der Kulturen der Unionsstaaten in ihrer nationalen, regionalen und lokalen Vielfalt verdrängt Art. 92 Abs. 3 lit. d) EGV den in Art. 128 Abs. 4 EGV enthaltenen allgemeinen Grundsatz der kulturellen Rücksichtnahme.

Während die in Art. 92 Abs. 2 EGV genannten Beihilfen von vornherein vom Beihilfeverbot ausgenommen sind, sieht Art. 92 Abs. 3 EGV die Mög-

---

214 Zu den über den status negativus hinausgehenden Funktionsgehalten der Gemeinschaftsgrundrechte *H. Gersdorf* demnächst im AöR.

215 Bestätigt durch EuGH - Veronica, EuZW 1993, 251, 252.

216 Vgl. bereits die Nachweise in Fn. 49.

lichkeit vor, durch Entscheidung der Europäischen Kommission gemäß Art. 92 Abs. 3 lit. a) bis d) EGV i.V.m. Art. 93 Abs. 3 EGV bestimmte Beihilfen für mit dem Markt vereinbar zu erklären. Dieser Entscheidung der Europäischen Kommission kommt feststellender Charakter zu[217]. Die Bundesländer hatten während der Verhandlungen über den Vertrag zur Gründung der Europäischen Union gefordert, den gesamten Bereich der Kulturförderung in den Katalog der Legalausnahmetatbestände des Art. 92 Abs. 2 EGV aufzunehmen und sie damit zu einer Materie zu deklarieren, die generell mit dem Gemeinsamen Markt vereinbar ist. Die Bundesregierung hingegen hat für die Notifizierungspflicht plädiert und damit letztlich den Ausschlag für die nunmehr geltende Regelung des Art. 92 Abs. 3 lit. d) EGV gegeben, welche die Kulturförderung gemäß Art. 93 EGV in vollem Umfange der Kontrolle der Europäischen Kommission unterwirft und die Entscheidung über ihre Zulässigkeit in deren pflichtgemäßes Ermessen legt[218].

Die Entscheidung, ob eine Beihilfe nach Art. 92 Abs. 3 EGV als mit dem Gemeinsamen Markt vereinbar anzusehen ist, liegt also im Ermessen der Europäischen Kommission. Die Ermessensentscheidung unterliegt grundsätzlich nur in begrenztem Umfange der Justitiabilität des Europäischen Gerichtshofes; sie ist nur auf offensichtliche Irrtümer, Ermessensmißbrauch[219] oder evidentes Überschreiten der Grenzen des Ermessensspielraums zu überprüfen[220].

a) Grundsätze der Ermessensausübung

Im folgenden gilt es, die Maßstäbe, welche die Europäische Kommission bei ihrer Entscheidung nach Art. 92 Abs. 3 lit. d) EGV i.V.m. Art. 93 Abs. 3 EGV zu beachten hat, sichtbar werden zu lassen.

---

217 *F.-H. Wenig*, in: H. von der Groeben/J. Thiesing/C.-D. Ehlermann, EWG-Vertrag, Art. 92 Rdnr. 38.

218 Siehe hierzu *K. Bohr/H. Albert*, ZRP 1993, 61, 65 f.

219 Der Begriff des Ermessensmißbrauchs ist nicht im Sinne der Terminologie des deutschen Verwaltungsrechts, sondern in Übereinstimmung mit dem restriktiv zu verstehenden Begriff des „détournement de pouvoir" zu begreifen, nämlich als Verfolgung eines *anderen* Ziels als desjenigen, das die Behörde allein verfolgen durfte; vgl. *A. Bleckmann*, Europarecht, Rdnr. 568; *H.-W. Daig*, Nichtigkeits- und Untätigkeitsklagen im Recht der Europäischen Gemeinschaften, S. 174; *N. Löw*, Der Rechtsschutz des Konkurrenten gegenüber Subventionen aus gemeinschaftsrechtlicher Sicht, S. 104 f.

220 EuGH - Racke, Slg. 1978, 1245, 1256 f.; ähnlich EuGH - Roquette Frères, Slg. 1980, 3333, 3358 f.; *N. Löw*, Der Rechtsschutz des Konkurrenten gegenüber Subventionen aus gemeinschaftsrechtlicher Sicht, S. 104.

(1) Art. 92 Abs. 3 lit. d) EGV als präventives Verbot mit Erlaubnisvorbehalt

Aus der systematischen Innenarchitektur des Art. 92 EGV ergibt sich, daß nach seinem Absatz 1 grundsätzlich sämtliche wettbewerbsverfälschenden und den Handel zwischen den Mitgliedstaaten beeinträchtigenden staatlichen Beihilfen mit dem Gemeinsamen Markt unvereinbar und nur ausnahmsweise unter den Voraussetzungen der Absätze 2 und 3 zulässig sind. Als Ausnahmevorschriften sind die Regelungen des Abs. 2 und 3 EGV angesichts des Fehlens gegenläufiger Anhaltspunkte nach allgemeinen hermeneutischen Grundsätzen prinzipiell eng auszulegen[221]; an das Vorliegen derartiger Ausnahmetatbestände sind also strenge Anforderungen zu stellen[222]. Auch Art. 92 Abs. 3 lit. d) EGV trägt rechtstechnisch die Züge eines repressiven Verbots mit Befreiungsvorbehalt[223]. Die Gesamtschau des Vertrages unter Einbeziehung sämtlicher Zielsetzungen der Europäischen Union gibt aber Anlaß zu einer Modifikation dieses Befundes, die dem schrittweisen Übergang der ursprünglich als Wirtschaftsgemeinschaft konzipierten Europäischen Gemeinschaft zur politischen Union Rechnung trägt: In dem System des ursprünglichen EWGV, das ausschließlich oder doch in erster Linie auf die Errichtung eines Gemeinsamen Marktes gerichtet war, mußte jede Verfälschung der innergemeinschaftlichen Wettbewerbsbedingungen als ein Fremdkörper erscheinen, zu dessen Rechtfertigung es eines besonderen, dem Prinzip der Wettbewerbsgleichheit zumindest gleichrangigen Grundes bedurfte. Mit der Gründung der Europäischen Union wurde der Zielkatalog der Gemeinschaft erweitert. Neben dem Ziel, eine vor Wettbewerbsverfälschungen geschützte marktwirtschaftliche Ordnung herauszubilden (Art. 3 lit. g) EGV), gehört nunmehr auch die Entfaltung des Kulturlebens in den Mitgliedstaaten zu den Aufgaben der Gemeinschaft (Art. 3 lit. p) EGV). Zur Verwirklichung dieser Zielsetzung ist der Gemeinschaft mit Art. 128 EGV ein spezieller, sachgebietsbezogener Kulturkompetenztitel zugewachsen. Beide Aspekte stehen nicht im Verhältnis von Primär- und Sekundärzielsetzungen zueinander, sondern nehmen als gleichstufige Zielwerte den gleichen Rang ein auf der Bedeutungsskala des Aufgabenkatalogs der Europäischen Union. Vor allem kommen die kulturpolitischen Aufgaben der Gemeinschaft nicht ausschließlich im Rahmen marktwirtschaftlicher Funktionsgesetze zum Tragen. Sofern Konflikte zwischen

---

221 Grundlegend und differenzierend *K. Larenz*, Methodenlehre der Rechtswissenschaft, S. 353 ff., insbesondere 355 f.

222 Vgl. statt aller *N. Löw*, Der Rechtsschutz des Konkurrenten gegenüber Subventionen aus gemeinschaftsrechtlicher Sicht, S. 96 m.w.N. in Fn. 122; *Th. Oppermann*, Europarecht, Rdnr. 993; *F.-H. Wenig*, in: H. von der Groeben/J. Thiesing/C.-D. Ehlermann, EWG-Vertrag, Art. 92 Rdnr. 41 m.w.N. in Fn. 193.

223 A.A. *K. Bohr/H. Albert*, ZRP 1993, 61, 65: „Verbot mit Erlaubnisvorbehalt".

beiden Elementen auftreten, sind die einander konfligierenden Belange nach Maßgabe des Prinzips der praktischen Konkordanz in einer Weise zu einem sachgerechten Ausgleich zu bringen, daß die beiden gegenläufigen Interessen zur bestmöglichen Entfaltung gelangen.

Neben diesen Änderungen der gemeinschaftsvertraglichen Rahmenbedingungen ist die Europäische Union auch unter den Auspizien der Gemeinschaftsgrundrechte verpflichtet, einen positiven Beitrag zur Entfaltung des Kulturlebens in den Mitgliedstaaten zu leisten und insbesondere für die gebotene Vielfalt in den Medien Sorge zu tragen. Wie gezeigt, nimmt das Ziel der Errichtung und Gewährleistung einer pluralistischen Rundfunkordnung als gemeinsame Verfassungsüberlieferungen der Mitgliedstaaten sowie in Konkretisierung des Art. 10 EMRK am gemeinschaftsrechtlichen Grundrechtsschutz teil. Die Europäische Union ist damit nicht nur berechtigt, sondern aufgrund der ihr obliegenden Verpflichtung zur Achtung der Gemeinschaftsgrundrechte[224] auch gehalten, die Mitgliedstaaten in ihrem Ansinnen, den kulturellen Auftrag des Rundfunks in seiner umfassenden gegenständlichen und meinungsbezogenen Breite zu wahren, nicht nur nicht zu behindern, sondern sie hierin sogar nachdrücklich zu unterstützen.

Im Lichte dieser Vorgaben, namentlich der Einwirkungskraft der Gemeinschaftsgrundrechte auf die Auslegung und Anwendung der Vorschriften des EGV, ist die Bestimmung des Art. 92 EGV zu lesen. Mit der gebotenen ganzheitlichen Betrachtung wäre es unvereinbar, das Verhältnis des Art. 92 Abs. 1 zu Abs. 3 lit. d) EGV ausschließlich unter dem Leitziel der wettbewerblichen Chancengleichheit zu bestimmen und auf diese Weise ein Primat der ökonomischen Zielsetzungen gegenüber den spezifisch kulturstaatlichen Belangen zu konstruieren. Die spezifisch kulturpolitische Steuerungskraft des Art. 3 lit. p) EGV i.V.m. Art. 92 Abs. 3 lit. d) EGV und der Gemeinschaftsgrundrechte erzwingt ein Verständnis des Art. 92 Abs. 3 lit. d) EGV im Sinne eines präventiven Verbots mit Erlaubnisvorbehalt[225], dessen Präventivsteuerungsmöglichkeiten einen sachgerechten Ausgleich der miteinander kollidierenden wettbewerblichen und kulturpolitischen Belange herbeizuführen in der Lage sind, ohne dabei eine Präponderanz des einen auf Kosten des anderen Aspekts zu begründen: Die Notifizierungspflicht der Mitgliedstaaten und der Erlaubnisvorbehalt für kulturpolitisch motivierte Beihilfen sind rein formale Schranken, die nichts über die Zulässigkeit der beabsichtigten oder bereits gewährten Beihilfen aussagen. Die Ermessensentscheidung der Europäischen Kommission ist ein konfliktverhinderndes oder -bereinigendes Instrumentarium, das

---

224 Art. F Abs. 2 EUV.

225 Ebenso im Ergebnis, wie in Fn. 223 bereits erwähnt, *K. Bohr/H. Albert*, ZRP 1993, 61, 65, allerdings - in rechtsirriger Weise - auf rein rechtstechnizistischer Argumentationsbasis.

nach Maßgabe des Grundsatzes der praktischen Konkordanz eingesetzt und gehandhabt werden muß, um auf diese Weise den gebotenen sachgerechten Ausgleich zwischen den gemeinschaftsrechtlichen Zielen der wettbewerblichen Chancengleichheit einerseits und der Förderung des Kulturlebens in den Mitgliedstaaten andererseits zu erreichen. Ergibt der im Rahmen des Art. 92 Abs. 3 lit. d) EGV vorzunehmende Güterausgleich ein Übergewicht der entsprechenden kulturpolitischen Zielsetzungen, liegen also die Voraussetzungen dieser Vorschrift vor, so wird in aller Regel das Ermessen auf Null reduziert sein und ein Anspruch des Mitgliedstaates auf die begehrte, konstitutiv wirkende Vereinbarkeitserklärung bestehen[226].

(2) Gebot umfassender Abwägung: Prinzip der Verhältnismäßigkeit

Gemäß Art. 92 Abs. 3 lit. d) EGV dürfen staatliche Fördermaßnahmen die Handels- und Wettbewerbsbedingungen für Kulturgüter nicht in einem dem gemeinsamen Interesse zuwiderlaufenden Maße beeinträchtigen. Es bedarf insoweit einer Abwägung mit dem Interesse der Gemeinschaft an der Beseitigung von Hindernissen für die Verbreitung von Kulturgütern und kulturellen Dienstleistungen sowie für den Zugang der Bürger zur eigenen Kultur und zur Kultur der anderen Mitgliedstaaten[227]. Der insgesamt gebotene Interessenausgleich ist anhand der von der Europäischen Kommission für die Überprüfung von Beihilfen aufgestellten drei Kriterien vorzunehmen, d.h. nach Maßgabe der verschiedenen Elemente des Grundsatzes der Verhältnismäßigkeit[228].

Die Erlaubnisbestimmung des Art. 92 Abs. 3 lit. d) EGV kann nur dann Anwendung finden, wenn die Beihilfe zur Förderung der Kultur oder der Erhaltung des kulturellen Erbes in dem betreffenden Mitgliedstaat geeignet

---

226 Zur Ermessensreduzierung auf Null im Rahmen der fakultativen Befreiungsgründe des Art. 92 Abs. 3 EGV *A. Bleckmann*, NVwZ 1990, 820, 820 f.; *N. Löw*, Der Rechtsschutz des Konkurrenten gegenüber Subventionen aus gemeinschaftsrechtlicher Sicht, S. 105; siehe ferner *M. Seidel*, in: B. Börner/K. Neundörfer (Hrsg.), Recht und Praxis der Beihilfe im Gemeinsamen Markt, S. 55, 82; demgegenüber lehnt *G. v. Wallenberg*, in: Grabitz (Hrsg.), EWG-Vertrag, Art. 92 Rdnr. 46, einen entsprechenden Anspruch des betreffenden Mitgliedstaates auf die Vereinbarkeitserklärung durch die Kommission selbst für den Fall ab, daß die Voraussetzungen des Art. 93 Abs. 3 EGV erfüllt sind, allerdings unter der - für kulturpolitische Beihilfen nach hiesiger Ansicht unzutreffenden - Prämisse, daß Art. 92 Abs. 1 EGV ein grundsätzliches Beihilfeverbot begründe.

227 *R. Geiger*, EG-Vertrag, Art. 92 Rdnr. 30 m.w.N.

228 Vgl. *M. Caspari*, Subventions- und Anti-Subventionspolitik der Europäischen Gemeinschaften, S. 81; siehe auch *G. v. Wallenberg*, in: Grabitz (Hrsg.), EWG-Vertrag, Art. 92 Rdnrn. 42 ff.; *F.-H. Wenig*, in: H. von der Groeben/J. Thiesing/C.-D. Ehlermann, EWG-Vertrag, Art. 92 Rdnrn. 42 ff.

ist[229]. Mit dem Begriff der Kultur ist ausschließlich die Kultur der Mitgliedstaaten in ihrer nationalen und regionalen Vielfalt gemeint. Dies ergibt sich zum einen daraus, daß das Beihilferegime nach überwiegender Ansicht auf Beihilfen der Gemeinschaft keine Anwendung findet[230] und deshalb der kulturspezifische Erlaubnistatbestand nur aus dem Blickwinkel der Mitgliedstaaten interpretiert werden kann; zum anderen folgt dieses Ergebnis aus dem Gesamtzusammenhang zwischen Art. 92 Abs. 3 lit. d) und Art. 128 EGV[231]: Während das gemeinsame kulturelle Erbe neben den Kulturen der Mitgliedstaaten in Art. 128 Abs. 1 EGV ausdrücklich erwähnt ist, fehlt es an einem entsprechenden Zusatz in Art. 92 Abs. 3 lit. d) EGV.

Ferner muß für die Gewährung der Beihilfe eine Notwendigkeit bestehen. Die Europäische Kommission muß die Überzeugung gewonnen haben, daß die Marktkräfte allein nicht in der Lage sind, den durch die Beihilfe Begünstigten zu einem Verhalten zu bewegen, daß zur Verwirklichung der kulturspezifischen Ziele beiträgt[232]. Und schließlich müssen die mit den kulturpolitisch orientierten Beihilfen verfolgten Ziele in einem angemessenen Verhältnis zu den Beeinträchtigungen des freien Wettbewerbs stehen[233].

---

229 Vgl. zum Erfordernis der „Eignung" statt aller: *G. v. Wallenberg*, in: Grabitz (Hrsg.), EWG-Vertrag, Art. 92 Rdnr. 42; *F.-H. Wenig*, in: H. von der Groeben/J. Thiesing/C.-D. Ehlermann, EWG-Vertrag, Art. 92 Rdnr. 42.

230 EuGH - AFS, Slg. 1980, 1205, 1228, st. Rspr.; vgl. aus dem Schrifttum statt vieler: *Th. Oppermann*, Europarecht, Rdnr. 974; *H.-W. Rengeling*, in: B. Börner/K. Neundörfer (Hrsg.), Recht und Praxis der Beihilfe im Gemeinsamen Markt, S. 23, 28; *G. Ress*, Kultur und Europäischer Binnenmarkt, S. 129; *F.-H. Wenig*, in: H. von der Groeben/J. Thiesing/C.-D. Ehlermann, EWG-Vertrag, Vorb. Art. 92 bis 94 Rdnr. 4; a.A. *N. Löw*, Der Rechtsschutz des Konkurrenten gegenüber Subventionen aus gemeinschaftsrechtlicher Sicht, S. 89 ff.; kritisch auch *P.-Ch. Müller-Graff*, ZHR Bd. 152 [1988], 403, 414.

231 Ebenso auch *G. Ress*, DÖV 1992, 944, 954 Fn. 103.

232 Entscheidung der Kommission 89/305/EWG vom 21.12.1988, ABl. 1989 Nr. L 123, S. 52; EuGH - Philip Morris, Slg. 1980, 2671, 2690; vgl. zum Kriterium der „Notwendigkeit" aus dem Schrifttum: *M. Caspari*, Subventions- und Anti-Subventionspolitik der Europäischen Gemeinschaften, S. 81; *G. v. Wallenberg*, in: Grabitz (Hrsg.), EWG-Vertrag, Art. 92 Rdnr. 43; *F.-H. Wenig*, in: H. von der Groeben/J. Thiesing/C.-D. Ehlermann, EWG-Vertrag, Art. 92 Rdnr. 43.

233 Vgl. zum Kriterium der Angemessenheit: *F.-H. Wenig*, in: H. von der Groeben/J. Thiesing/C.-D. Ehlermann, EWG-Vertrag, Art. 92 Rdnr. 44.

b) Gemeinschaftsrechtliche Bewertung der Gebührenfinanzierung des öffentlich-rechtlichen Rundfunks in der Bundesrepublik Deutschland

Unter Zugrundelegung dieser Grundsätze ist nunmehr zu prüfen, ob die Gebührenfinanzierung des öffentlich-rechtlichen Rundfunks die Voraussetzungen des Art. 92 Abs. 3 lit. d) EGV erfüllt und damit für gemeinschaftsrechtlich zulässig befunden werden kann.

(1) Kriterium der „Eignung": Zur kulturspezifischen Funktion der Rundfunkgebührenfinanzierung

Die Gebührenfinanzierung des öffentlich-rechtlichen Rundfunks ist Teil der Kulturpolitik der Bundesrepublik Deutschland, genauer: der für die Ausgestaltung des Rundfunkwesens zuständigen Bundesländer. Das System der Gebührenfinanzierung soll den öffentlich-rechtlichen Sendeanstalten ermöglichen, ein Rundfunkprogramm zu veranstalten, in dem neben der gegenständlichen Breite aller Programmsparten auch die gleichgewichtige Vielfalt der gesellschaftlichen Meinungen gewährleistet ist, kurzum: das dem „klassischen Auftrag" des Rundfunks entspricht[234] und namentlich die Grundversorgung der Bevölkerung mit Rundfunkprogrammen gewährleistet[235]. Es soll für ein Programmangebot Sorge tragen, das sich nicht nur auf die besonders publikumswirksamen Unterhaltungsprogramme konzentriert oder sogar beschränkt, sondern auch die Elemente der Bildung, Beratung und Information enthält und damit alle kulturellen, religiösen und geistigen Strömungen im audiovisuellen Bereich in der Bundesrepublik widerspiegelt[236]. Das System der Gebührenfinanzierung ist damit kraft seiner spezifisch pluralitätsstiftenden und -erhaltenden Funktion als solches nicht nur unzweifelhaft geeignet, das kulturelle Leben in der Bundesrepublik Deutschland im Sinne des Art. 92 Abs. 3 lit. d) EGV zu fördern. Es ist zugleich ein unverzichtbarer Bestandteil der kulturpolitisch motivierten Förderpolitik in der Bundesrepublik Deutschland, weil es seiner bedarf, um die dienende Funktion des Rundfunks innerhalb des verfassungsrechtlich geschützten Kommunikationsprozesses sicherstellen zu können. Mit anderen Worten: Die vorwiegende Gebührenfinanzierung der öffentlich-rechtlichen Rundfunkanstalten ist per se keine Frage politischer Opportunität, sondern eine von Verfassungs wegen zwingend vorgegebene Forderung[237].

---

234 BVerfGE 73, 118, 158; 83, 238, 311; 87, 181, 199; BVerfG, AfP 1994, 32, 33.

235 Vgl. BVerfGE 73, 118, 155 f.; 74, 297, 324 f.; 83, 238, 311; 87, 181, 199.

236 Vgl. EuGH - Veronica, EuZW 1993, 251, 252.

237 BVerfGE 83, 238, 311; 87, 181, 199; BVerfG, AfP 1994, 32, 33 f.

Die vorgenannte Finanzierung des öffentlich-rechtlichen Rundfunks ist demnach geeignet, das kulturelle Leben in der Bundesrepublik zu fördern. Damit ist über das System der Gebührenfinanzierung unter dem Gesichtspunkt ihrer gemeinschaftsrechtlichen Zielverwirklichungstauglichkeit aber noch nicht abschließend entschieden. Gemeinschaftsrechtliche Bedenken gegen das System der Gebührenfinanzierung bestehen insoweit, als die Rundfunkgebühren ausschließlich den öffentlich-rechtlichen Rundfunkanstalten zugute kommen, während eine vollständige oder anteilige Finanzierung privater Anbieter durch Rundfunkgebühren von vornherein ausgeschlossen ist (§ 25 S. 2 RfStV). Dies bedarf einer kritischen Würdigung. Die Privilegierung des öffentlich-rechtlichen Rundfunks beruht, wie bereits oben erwähnt[238], auf zwei voneinander zu unterscheidenden Fördersträngen: zum einen auf den Einnahmen, welche durch die zwangsweise Heranziehung der Rezipienten für die Bereitstellung eines Rundfunkempfangsgerätes erzielt werden; zum anderen auf dem Ausschluß des privaten Rundfunks von dem Rundfunkgebührenaufkommen, durch den die Wettbewerbslage der öffentlich-rechtlichen Sendeanstalten auf den Programmbeschaffungs- und -verwertungsmärkten für qualitativ anspruchsvollere Produktionen verbessert wird. Gemeinschaftsrechtlich erhebt sich damit die Frage, ob die in der Ausklammerung privater Rundfunkanbieter aus dem Kreis der Förderungswürdigen implizierte Begünstigung des öffentlich-rechtlichen Rundfunks einen positiven Beitrag zur Förderung der Kultur in der Bundesrepublik und damit zur Verwirklichung des in Art. 92 Abs. 3 lit. d) EGV genannten Gemeinschaftsziels zu leisten imstande ist. Als Rechtfertigung läßt sich nicht die mangelnde publizistische Leistungsfähigkeit des privaten Rundfunks anführen, weil diese ihren inneren Grund gerade in der einseitigen Ausrichtung auf die Rundfunkwerbung als Finanzierungsquelle hat. Sofern man den privaten Rundfunk in den Genuß der Rundfunkgebühr brächte, einzelne Veranstalter unter bestimmten Voraussetzungen vollständig oder anteilig aus dem Gebührenaufkommen finanzierte, würden zugleich seine pluralitätsvermittelnden Potentiale aktiviert und er damit wirtschaftlich in den Stand versetzt, ein Programm auf qualitativ hohem Niveau veranstalten zu können, das dem des öffentlich-rechtlichen Rundfunks nicht nachstünde. Mit anderen Worten: Indem der Landesgesetzgeber es dem privaten Rundfunk von vornherein verwehrt, an dem Rundfunkgebührenaufkommen zu partizipieren, und ihn stattdessen auf Wirtschaftswerbung als primäre Finanzierungsgrundlage verweist, setzt er den wesentlichen Grund für seine strukturell bedingte publizistische Leistungsschwäche, die sich in der Orientierung der Programmgestaltung auf die zu erwartenden Einschaltquoten manifestiert. Die Leistungsschwäche haftet nicht an der privatrechtlichen Organisationsform, sondern ist durch die Eigengesetzlichkeiten des Marktes bedingt, derer der private Rundfunk kraft der Entscheidung des Gesetzgebers zugunsten der Werbefi-

---

238 Vgl. dazu unter C. II. 1. a), S. 25 nach Fn. 63.

nanzierung unter Ausschluß jedweder auch nur partiellen Gebührenfinanzierung unausweichlich ausgesetzt ist. Kurzum: Die publizistischen Mangelerscheinungen im privaten Rundfunksektor sind hausgemacht.

Der Gesetzgeber fördert mit dieser Form der Privilegierung des öffentlich-rechtlichen Rundfunks nicht das kulturelle Leben in Deutschland, sondern bewirkt gerade das Gegenteil dessen, was mit Art. 92 Abs. 3 lit. d) EGV angestrebt ist. Zur Begründung kann auf die Rechtsprechung des Bundesverfassungsgerichts zurückgegriffen werden. Das Gericht hat im Baden-Württemberg-Beschluß den Ausschluß des öffentlich-rechtlichen Rundfunks von der Veranstaltung (zusätzlicher) regionaler und lokaler Rundfunkprogramme als zur Verbesserung der Startchancen der Privaten unnötig sowie unverhältnismäßig und damit als unvereinbar mit der grundrechtlich geschützten Rundfunkfreiheit erklärt[239]. Dem Ziel, der Meinungsvielfalt zu dienen, werde der Gesetzgeber nur dann gerecht, wenn er die freie Veranstaltung von Rundfunkprogrammen zu *gleichen Bedingungen* zulasse. Zwar vermittele eine Vielzahl vorhandener zugelassener Programme nicht zwangsläufig auch eine Erweiterung der Pluralität im Rundfunkbereich, sondern könne auch zu einem „more of the same" führen. Gleichwohl komme dem Nebeneinander von öffentlich-rechtlichem und privatem Rundfunk maßgebliche Bedeutung zu, weil sich der publizistische Wettbewerb zwischen beiden Systemen anregend und belebend auf das inländische Programmangebot auswirken könne und Meinungsvielfalt auf diese Weise fördere und erweitere. Die Ausführungen münden schließlich in den die Argumentation des Gerichts tragenden Kernsatz: „Verbote von Beiträgen zur geistigen Auseinandersetzung haben Meinungsfreiheit noch niemals sichern, geschweige denn fördern können"[240]. Daher sei es dem Gesetzgeber verwehrt, die Veranstaltung bestimmter Rundfunkprogramme zu untersagen oder andere Maßnahmen zu treffen, welche den publizistischen Wettbewerb als Lebenselement der Meinungsfreiheit dadurch verkürzt, daß sie die Verbreitung von Beiträgen zur Meinungsbildung durch den Rundfunk verhinderten[241].

Indem der Gesetzgeber als primäre Finanzierungsquelle des privaten Rundfunks die Wirtschaftswerbung wählt und eine Beteiligung am Rundfunkgebührenaufkommen von vornherein ausschließt, drängt er ihn in die Rolle des publizistisch defizitären Parts innerhalb der Aufgabenverteilung der dualen Rundfunkordnung. Der Gesetzgeber verbietet den privaten Anbietern zwar nicht, sich dem publizistischen Wettbewerb mit dem öffentlich-rechtlichen

---

239 BVerfGE 74, 297, 331 ff.; vgl. dazu unter Berücksichtigung der seinerzeitigen Marktsituation kritisch *P. Selmer*, Bestands- und Entwicklungsgarantien für den öffentlich-rechtlichen Rundfunk in einer dualen Rundfunkordnung, S. 108 ff.

240 BVerfGE 74, 297, 332.

241 BVerfGE 74, 297, 332.

Rundfunk im integrations- und identitätsstiftenden Kraftfeld der kulturellen Funktion des Rundfunks zu stellen; die Lebensgesetze des Marktes erschweren es den privaten Veranstaltern aber, sich auf diesen publizistischen Gebieten zu betätigen, wenn sie nicht sogar eine solche Betätigung gänzlich verhindern. Der Ausschluß privaten Rundfunks vom Privileg der Gebührenfinanzierung löst demnach den vielfaltsverengenden Effekt aus, daß sich der publizistische Wettbewerb zwischen beiden Systemen im wesentlichen auf den Unterhaltungsrundfunk beschränkt, während er im Bereich der Versorgung der Bevölkerung mit qualitativ hochwertigen, kulturell anspruchsvollen und informierenden Programmen erst gar nicht zustandekommt. Der publizistische Wettbewerb als ein Lebenselement der Meinungsfreiheit[242] wird insoweit verkürzt und die Herausbildung eines pluralistischen, in allen seinen Programmsparten leistungsfähigen Rundfunks erschwert, wenn nicht sogar ausgeschlossen[243]. Die Privilegierung des öffentlich-rechtlichen Rundfunks durch den Ausschluß privater Anbieter vom Gebührenaufkommen vermag demnach keinen Beitrag zur Entfaltung des kulturellen Lebens in der Bundesrepublik zu leisten. Sie ist insofern zur Verwirklichung des Normziels des Art. 92 Abs. 3 lit. d) EGV ungeeignet.

Dagegen läßt sich auch nicht mit Überzeugungskraft anführen, daß die privaten Rundfunkveranstalter als privatwirtschaftlich organisierte Unternehmen gewinnorientiert tätig werden und sich insoweit von den gemeinnützigen öffentlich-rechtlichen Rundfunkanstalten abheben[244]. Richtig ist zwar: Sie können aus ihrer Rundfunktätigkeit Gewinne erzielen und tragen umgekehrt auch das Risiko, daß sich ihr Programmbetrieb mangels hinreichender Akzeptanz bei den Rundfunkteilnehmern wirtschaftlich nicht aufrechterhalten läßt[245, 246]. Diese unterschiedlichen ökonomischen Ausgangsbedingungen beim öffentlich-

---

242 Vgl. nochmals BVerfGE 74, 297, 332.

243 Daher erscheint auch zweifelhaft, ob sich § 25 S. 2 RfStV noch in den Grenzen des Gestaltungsspielraums bewegt, den der Gesetzgeber nach der Rechtsprechung des Bundesverfassungsgerichts bei der Festlegung der Finanzierungsmodalitäten des Rundfunks besitzt; vgl. zur Frage, ob der Gesetzgeber von Verfassungs wegen dem privaten Rundfunk die Möglichkeit der Gebührenfinanzierung eröffnen muß, *P. Selmer/H. Gersdorf*, DVBl. 1992, 79, 89 ff.

244 Vgl. Art. 1 Abs. 1 S. 2 BR-G; § 1 MDR-G; § 1 NDR-StV; § 1 Abs. 1 S. 1 RB-G; § 10 Abs. 1 S. 1 LRG-Saarl.; § 1 Abs. 1 S. 2 SFB-G; § 1 Abs. 1 S. 1 WDR-G; § 1 Abs. 1 S. 1 ZDF-StV.

245 Vgl. *A. Kollek*, Rechtsfragen der Rundfunkfinanzierung, S. 101; *P. Selmer/H. Gersdorf*, DVBl. 1992, 79, 90; siehe ferner *P. Badura*, ZUM 1988, 155, 162.

246 Sub specie des Art. 5 Abs. 1 S. 2 GG ist der Gesetzgeber nicht verpflichtet, den privaten Rundfunkveranstaltern dieses Risiko abzunehmen, indem er ihre Programmdarbietungen - wenn auch nur ergänzend - durch Rundfunkgebühren finanziert; vgl. *P. Selmer/H. Gersdorf*, DVBl. 1992, 79, 90.

rechtlichen und privaten Rundfunk können aber die ausschließliche Verwendung der Rundfunkgebühren zur Finanzierung öffentlich-rechtlichen Rundfunks gemeinschaftsrechtlich nicht rechtfertigen. Denn für den Rechtfertigungsgrund des Art. 92 Abs. 3 lit. d) EGV kommt es allein darauf an, ob der Begünstigte einen positiven Beitrag zur Verwirklichung der kulturellen Vielfalt in Deutschland zu leisten in der Lage ist. Die Motive, die den einzelnen dabei geleiten, seien sie durch Selbstlosigkeit oder durch Eigennutz geprägt, sind insoweit gänzlich unbeachtlich[247]. Art. 92 Abs. 3 lit. d) EGV markiert lediglich das Ziel, dem die entsprechenden Fördermaßnahmen zu dienen haben, läßt indes die Wege zur Erreichung dieses Zieles offen. Nach liberaler Erwartung, auf der das liberal-marktwirtschaftliche Konzept der Wirtschaftsverfassung des EGV fußt[248], geht das Gemeinwohl indirekt aus dem offenen Wettbewerb der partikularen Egoismen hervor, und zwar unabhängig von den subjektiven Motiven als objektiver Effekt. Nicht die „guten Absichten", sondern die „guten Wirkungen" stehen bei der Gemeinwohlhervorbringung im Vordergrund[249]. Das Begriffspaar der Gemein- und Eigennützigkeit beschreibt lediglich die Triebfedern auf dem Weg zu diesem Ziel. Deshalb läßt auch die von erwerbswirtschaftlichen Absichten getragene Teilnahme des privaten Rundfunks am publizistischen Wettbewerb mit öffentlich-rechtlichen Anbietern nicht das Zielkonzept des Art. 92 Abs. 3 lit. d) EGV entfallen. Nicht seine Gewinnerzielungsabsicht, sondern sein Beitrag zur Förderung der Kultur in Deutschland ist alleiniger Anknüpfungspunkt für den Rechtfertigungstatbestand des Art. 92 Abs. 3 lit. d) EGV.

Im Ergebnis kann daher festgehalten werden, daß der Ausschluß privaten Rundfunks vom Gebührenaufkommen die publizistische Leistungsfähigkeit privater Rundfunkprogramme schwächt und infolgedessen den publizistischen Wettbewerb mit den öffentlich-rechtlichen Sendeanstalten verkürzt. Die hierin liegende Förderung der öffentlich-rechtlichen Rundfunkanstalten dient nicht der Herausbildung von Vielfalt im Rundfunk; sie ist daher auch nicht geeignet, das kulturelle Leben in der Bundesrepublik im Sinne des Art. 92 Abs. 3 lit. d) EGV zu fördern.

---

247 Vgl. aber *C.-E. Eberle*, Funding the public service broadcasters, Vortragsmanuskript, S. 1: „Public mission broadcasters earn money to make programme while commercial broadcasters make programme to earn money".

248 Vgl. hierzu *R. Streinz*, Europarecht, S. 226 m.w.N.; zuletzt *E. Pache*, NVwZ 1994, 318.

249 Ausführlich zu den Kategorien der Selbstlosigkeit und des Eigennutzes als Faktoren der Gemeinwohlhervorbringung *J. Isensee*, in: ders./P. Kirchhof (Hrsg.), Handbuch des Staatsrechts der Bundesrepublik Deutschland, Band III, § 57 Rdnrn. 28 ff.

(2) Kriterium der „Notwendigkeit": Zur publizistischen Leistungsschwäche des Marktmodells im Rundfunk

Die Gebührenfinanzierung ist grundsätzlich auch notwendig, um ein pluralistisches, der kulturellen Funktion des Rundfunks entsprechendes Programmangebot der öffentlich-rechtlichen Rundfunkanstalten gewährleisten zu können. In einem von den Funktionsgesetzlichkeiten des Marktes bestimmten Rundfunk stellen sich programm- und vielfaltsverengende Zwänge ein, die im fast ausschließlich werbefinanzierten privaten Rundfunk zu beobachten sind[250]. Der werbefinanzierte Rundfunk muß seine Programmgestaltung in erster Linie an Attraktivitätsgesichtspunkten orientieren, um für die werbetreibende Wirtschaft von Interesse zu sein. Er muß der Werbewirtschaft ein programmliches Umfeld präsentieren, das eine möglichst hohe Zuschauerzahl erwarten läßt. Die Erlöse aus der Rundfunkwerbung sind in erster Linie abhängig von den erzielten Reichweiten. Ein auf Werbeeinnahmen angewiesener Rundfunkanbieter muß auf diese Marktgesetze Rücksicht nehmen und seine Programmplanung in stärkerem Maße an Einschaltquoten ausrichten[251]. Er steht vor der wirtschaftlichen Notwendigkeit, möglichst massenattraktive, gemessen an hohen Einschaltquoten erfolgreiche Programme, zu möglichst niedrigen Kosten zu produzieren und zu verbreiten. Sendungen mit nur geringerem Zuschauerinteresse und entsprechend kleineren Reichweiten werden in der Regel auf Programmplätze außerhalb der prime time abgeschoben und fristen dort ihrem Alibidasein, wenn sie nicht sogar gänzlich fehlen; dies gilt vor allem für besonders kostenintensive, unter kulturellen Aspekten anspruchsvolle und zugleich leistungsfähige Programme, obwohl sie für das kulturelle Leben in der Bundesrepublik unverzichtbar sind und erst mit ihnen die gesamte Breite umfassender Information zu erreichen ist, die der Rundfunk von Verfassungs wegen zu vermitteln hat[252]. Auch der Europäische Gerichtshof verschließt sich diesen Interdependenzen zwischen der Rundfunkwerbung als Finanzierungsform des Rundfunks und seiner publizistischen Leistungsfähigkeit keinesfalls und hat aus diesem Grunde den Mitgliedstaaten ausdrücklich das Recht zuerkannt, die Verbreitung von Rundfunkwerbung zu limitieren, „um im Rahmen der Kulturpolitik eine bestimmte Programmqualität zu erreichen"[253].

---

[250] BVerfGE 83, 238, 311; 87, 181, 199; BVerfG, AfP 1994, 32, 33 f.

[251] BVerfGE 83, 238, 311.

[252] Vgl. BVerfGE 73. 118, 155 f.

[253] EuGH - Stichting Collectieve Antenennenvoorziening Gouda u.a./Commissariat voor de Media, Sgl. I 1991, 4007, 4044; EuGH - Kommission/Niederlande, Slg. I 1991, 4069, 4101; siehe auch EuGH - Bond van Adverteerders, Slg. 1988, 2085, 2135.

Sofern sichergestellt ist, daß das Rundfunkgebührenaufkommen zur Finanzierung solcher Programmdarbietungen herangezogen wird, die sich nicht oder nicht hinreichend über Werbeeinnahmen finanzieren lassen, ist das EG-Beihilferecht nicht verletzt. Da die Marktkräfte insoweit nicht oder nicht mit hinreichender Sicherheit zu gewährleisten vermögen, daß der Rundfunk seinem umfassenden Informationsauftrag genügt, ist zur Abstützung des unter struktureller Gebrechlichkeit leidenden marktgerecht finanzierten Rundfunks eine Beihilfe in Form der Rundfunkgebühr erforderlich. Diesen Fall kulturspezifischer Fördermaßnahmen hat die Kulturverträglichkeitsklausel des Art. 92 Abs. 3 lit. d) EGV gerade im Blickfeld. Hinzu kommt, daß ins Gewicht fallende wettbewerbsverfälschende Auswirkungen der Gebührenfinanzierung des öffentlich-rechtlichen Rundfunks insoweit nicht feststellbar sind, weil der Aktionsschwerpunkt des werbefinanzierten privaten Rundfunks nicht auf diesem Feld der Rundfunkbetätigung, sondern auf dem der Versorgung des auf Unterhaltung und Zerstreuung bedachten Publikums liegt. Das System der Rundfunkgebührenfinanzierung führt insofern lediglich zu unerheblichen Beeinträchtigungen des innergemeinschaftlichen Handels; die in der Gebührenfinanzierung angelegte Wettbewerbsverzerrung erscheint als angemessenes Mittel, um die spezifisch kulturstaatlichen Ziele im Sinne des Art. 92 Abs. 3 lit. d) EGV erreichen zu können, so daß insoweit auch die letzte gemeinschaftsrechtliche Rechtfertigungsvoraussetzung erfüllt ist.

Bedenken unter dem Gesichtspunkt der „Notwendigkeit" als gemeinschaftsrechtliches Rechtfertigungskriterium für staatliche Beihilfen bestehen gegen das System der Gebührenfinanzierung allerdings insoweit, als die Rundfunkgebühren nicht ausschließlich zur Finanzierung der über Werbeeinnahmen nicht oder nicht hinreichend finanzierbaren Programmsegmente verwendet werden können und auch verwendet werden. Das Bundesverfassungsgericht hat keinen Zweifel daran gelassen, daß zu der von den öffentlich-rechtlichen Rundfunkanstalten wahrzunehmenden Grundversorgungsaufgabe, zu deren Finanzierung die Rezipienten zwangsweise durch Rundfunkgebühren herangezogen werden, nicht nur kulturell anspruchsvollere Sendungen, sondern sämtliche Programmsparten unter Einschluß auch der Unterhaltungsprogramme gehören[254]. Es betont darüber hinaus ausdrücklich, daß es allein Sache der öffentlich-rechtlichen Rundfunkanstalten sei, die verfügbaren Mittel im Rahmen der gesetzlichen Bestimmungen auf einzelne Programme oder Programmsparten zu verteilen[255]. An dieser Stelle muß die Kritik aus dem Blickwinkel des EG-Beihilferechts ansetzen. Die Gewährung ist zur Verwirklichung der kulturellen Zielsetzung aus seiner Sicht nur dann notwendig, wenn das freie Spiel der Marktkräfte allein das begünstigte Unternehmen noch nicht

---

254 Vgl. nur BVerfGE 73, 118, 158; 74, 297, 325 f.

255 BVerfGE 87, 181, 203; vgl. bereits oben unter B. I., S. 11 ff. nach Fn. 31.

veranlassen könnte, in dieser Richtung tätig zu werden[256]. Dies ist offensichtlich nicht der Fall; denn die Programmsparten mit hinreichender Zuschauerresonanz, wie insbesondere die Elemente des massenattraktiven Programmsektors, lassen sich ohne weiteres aus den Erlösen der Wirtschaftswerbung finanzieren, wie der im wesentlichen auf diesen Bereich verengte werbefinanzierte private Rundfunk deutlich zeigt. Einer Begünstigung des öffentlich-rechtlichen Rundfunks in Form der Gebührenfinanzierung bedarf es insoweit also nicht, um die Rundfunkbetätigung auch auf diesem Feld auf ein wirtschaftlich sicheres Standbein zu stellen. Hinzu kommt, daß sich der publizistische Wettbewerb zwischen dem öffentlich-rechtlichen und dem privaten Rundfunk gerade auf die Versorgung der Bevölkerung mit Unterhaltungssendungen konzentriert und deshalb die hierauf bezogene Wettbewerbskonstellation auf den Programmbeschaffungs- und -verwertungsmärkten besonders intensiv verfälscht wird. Dies gilt zuvörderst für den Ankauf von außerordentlich kostenintensiven, zugleich aber auch besonders publikumswirksamen TV-Spielfilmen oder Sportübertragungsrechten.

Die gemeinschaftsrechtlichen Rechtfertigungsanforderungen für die Gebührenfinanzierung des öffentlich-rechtlichen Rundfunks stehen mithin in einem scharfen Kontrastbild zu der Rechtsprechung des Bundesverfassungsgerichts, das in der Rundfunkgebühr ganz allgemein ein Mittel zur „Finanzierung von Rundfunkveranstaltungen“[257] erblickt und damit implizit eine nur bereichsspezifische, auf die Finanzierung von marktwirtschaftlich nicht tragfähigen Programmen und Programmteilen bezogene und beschränkte Verwendungsmöglichkeit ablehnt. Diese Judikatur läßt sich nur vor dem Hintergrund des bundesverfassungsgerichtlichen Verständnisses des Art. 5 Abs. 1 S. 2 GG verstehen, demzufolge der Landesgesetzgeber bei der Ausgestaltung der Rundfunkfreiheit im allgemeinen und bei der Festlegung der Finanzierungsmodalitäten des Rundfunks im besonderen einen weiten Gestaltungsspielraum besitzt[258]. Auf dieser Linie liegt es dann auch, wenn das Gericht die Rundfunkgebühr zur primären Finanzierungsform des Grundversorgungsauftrages der öffentlich-rechtlichen Sendeanstalten deklariert, obwohl es hierzu die gesamte Breite möglicher Programmsparten unter Einbeziehung des massenattraktiven

---

256 Vgl. dazu die Nachweise in Fn. 232.

257 BVerfG, AfP 1994, 32, 37 und 37 f.; siehe ferner noch BVerfG, ZUM 1988, 532: „Gesamtveranstaltung öffentlich-rechtlicher Rundfunk“; hierzu *P. Selmer/H. Gersdorf*, DVBl. 1992, 79, 80; allgemein zur Rechtsnatur der Rundfunkgebühr *W. Schmidt*, Die Rundfunkgebühr in der dualen Rundfunkordnung, S. 38 ff.; *P. Selmer/C. Brodersen*, in: W. Hoffmann-Riem (Hrsg.), Indexierung der Rundfunkgebühr, S. 174, 182 f.; *P. Selmer/H. Gersdorf*, DVBl. 1992, 79, 81; *H.-J. Steimer*, Grundprobleme der Rundfunkfinanzierung - unter besonderer Berücksichtigung der Finanzierung des „Zweiten Deutschen Fernsehens“, S. 19 ff.

258 Vgl. BVerfGE 83, 238, 310; 87, 181, 198.

Unterhaltungsrundfunks zählt[259]. Demgegenüber bietet das EG-Beihilferegime mit seinen der mitgliedstaatlichen Regelungsgewalt Grenzen setzenden und sie zugleich disziplinierenden Verhältnismäßigkeitselementen, insbesondere mit seinem Erforderlichkeitskriterium, ein konturenscharf strukturiertes Raster für die Prüfung der gemeinschaftsrechtlichen Zulässigkeit von Beihilfen. Dessen klare Maßstäbe lassen erst keinen „institutionellen Nebel" aufkommen, in dessen Dunstkreis die scharfen und stringenten Formen klassischer Hermeneutik allzu leicht zerfließen und an die Stelle juristischer Argumentation die mit dem Mäntelchen des Verfassungsrechts kaschierte macht- und medienpolitisch motivierte Proklamation tritt. Der den Art. 92 Abs. 3 lit. d) EGV tragende Erforderlichkeitsmaßstab verlangt insoweit nach differenzierender Betrachtung und nach Verzicht auf nivellierende Einheitslösungen. Wettbewerbsverfälschende Beihilfen zugunsten kultureller Zwecke sind nur insoweit mit Gemeinschaftsrecht vereinbar, als der marktgerechte Selbstlauf die betreffenden kulturspezifischen Ziele nicht zu erreichen in der Lage ist. Die Rundfunkgebühr hat demnach lediglich eine kompensatorische Funktion im Hinblick auf die vielfaltsbezogenen Defizite des Systems der Werbefinanzierung oder auch des Pay TV. Mit ihrer Hilfe dürfen nur diejenigen Programme und Programmsegmente finanziert werden, deren verhältnismäßig niedrige Einschaltquoten - oftmals verbunden mit relativ hohen Produktionskosten - bei einem auf Marktgesetzen beruhenden Rundfunkfinanzierungssystem eine hinreichend sichere Finanzierung nicht erwarten lassen, ohne die der Rundfunk aber seinen auf umfassende Information gerichteten Versorgungsauftrag nicht erfüllen kann. In einem durch Wettbewerb mit werbefinanzierten privaten Rundfunkanbietern gekennzeichneten dualen Rundfunksystem darf die Rundfunkgebühr unter gemeinschaftsrechtlichen Auspizien nur eingesetzt werden, um die marktimmanenten Verwerfungen im kulturellen Versorgungsauftrag des Rundfunks zu korrigieren, nicht aber als Instrument einer universellen Finanzierung des Programmauftrags der öffentlich-rechtlichen Rundfunkanstalten.

Diese gemeinschaftsrechtliche Direktive gilt jedenfalls in einer durch publizistischen und wirtschaftlichen Wettbewerb gekennzeichneten dualen Rundfunkordnung, wie sie sich in der Bundesrepublik Deutschland herausgebildet hat. Nach der Rechtsprechung des Europäischen Gerichtshofes hindert Gemeinschaftsrecht die Mitgliedstaaten der Europäischen Union allerdings nicht daran, Fernsehsendungen dem Wettbewerb zu entziehen und die Veranstaltung von Rundfunk ausschließlich in die Hände von gemeinnützigen Rund-

---

259 Zu einer restriktiven Interpretation des Begriffs der Grundversorgung kommen *E. Kull*, AfP 1987, 462, 463 f.; *R. Ricker*, ZUM 1989, 331, 334 ff.; K. Seemann, DÖV 1987, 129, 135; *P. Selmer*, Bestands- und Entwicklungsgarantien für den öffentlich-rechtlichen Rundfunk in einer dualen Rundfunkordnung, S. 82; *W. Schmidt Glaeser*, DÖV 1987, 837, 839; *Ch. Starck*, NJW 1992, 3257, 3262.

funkanstalten zu legen[260, 261]. Wegen des Ausschlusses des inländischen Wettbewerbs erscheint eine Querschnittsfinanzierung in wettbewerblich und damit gemeinschaftsrechtlich unbedenklichem Licht[262], soweit man nicht, was naheliegen mag, die ausländischen Konkurrenten in die Betrachtung miteinbezieht. Sofern dem privaten Rundfunk hingegen der Zutritt zum Massenmedium Rundfunk eröffnet wird, ist der Mitgliedstaat gemeinschaftsrechtlich verpflichtet, für eine den Grundsatz der wettbewerblichen Chancengleichheit wahrende Ausgestaltung der Rundfunkordnung Sorge zu tragen, d.h. ein System zu er-

---

260 EuGH - Sacchi, Slg, 1974, 409, 430 f.; EuGH - ERT, Slg. I 1991, 2925, 2957; diese Rechtsprechung bezieht sich zwar ausdrücklich nur auf Fernsehsendungen, für den Hörfunk kann aber nichts anderes gelten; vgl. *Ch. Degenhart*, JZ 1992, 685, 686. Allerdings erscheint zweifelhaft, ob diese Rechtsprechung auch dann Bestand haben kann, wenn man entsprechende Rundfunkmonopolstrukturen der gebotenen Verhältnismäßigkeitsprüfung im Rahmen des Art. 90 Abs. 2 EGV (vgl. hierzu oben im Text unter C. II. 3. b) (2), S. 41 ff.) unterwirft; insoweit bedürfte es der vertiefenden Untersuchung, ob zur Wahrung eines pluralistischen Rundfunksystems der Ausschluß von Wettbewerb tatsächlich geeignet und erforderlich ist oder ob insofern nicht weniger einschneidende, pluralitätsvermittelnde Sicherungsinstrumente ausreichen, wie die Zulassung von privaten Veranstaltern durch ein gesondertes Verfahren und die hieran anschließende Kontrolle ihrer Rundfunkbetätigung durch die hierfür jeweils zuständigen Stellen; zur europa- und gemeinschaftsrechtlichen Dimension dieser Fragestellung unter den Auspizien des Art. 10 EMRK *S. Astheimer*, Rundfunkfreiheit - ein europäisches Grundrecht, S. 49 ff.; grundlegend nunmehr *Ch. Engel*, Privater Rundfunk vor der Europäischen Menschenrechtskonvention, passim.

261 Auch das Bundesverfassungsgericht dürfte einem grundgesetzlichen Anspruch privater Interessenten auf Zulassung zum Massenmedium Rundfunk ablehnend gegenüberstehen; vgl. die Konditionalsätze in BVerfGE 83, 238, 296 f., 298: „Entscheidet sich der Gesetzgeber für eine duale Rundfunkordnung ...". Das Gericht scheint daher davon auszugehen, daß der Gesetzgeber zur Ermöglichung privaten Rundfunks berechtigt, nicht aber von Verfassungs wegen verpflichtet ist, so daß er sich auch für einen öffentlich-rechtlichen Monopolrundfunk entscheiden könnte, ohne dabei den ihm zustehenden Gestaltungsspielraum bei der Ordnung des Rundfunks zu überschreiten; so auch die Deutung von *M. Stock*, Media Perspektiven 1991, 133, 135 und Fn. 22; siehe auch *A. Hesse*, JZ 1991, 357, 359; vgl. auch BVerfGE 87, 181, 198: „Wenn er sich (scil.: der Gesetzgeber; die Verf.) im Interesse der freien individuellen und öffentlichen Meinungsbildung aber entschließt, die Rundfunkveranstaltung *ganz* oder zum Teil öffentlichrechtlichen Anstalten anzuvertrauen ..." (Hervorhebung durch die Verf.).

262 Auf dieser Linie liegt es auch, wenn der EuGH - Paul Corbeau, EuZW 1993, 422, 423, die grundsätzliche Zulässigkeit von Postmonopoldiensten nach belgischem Recht mit dem Argument rechtfertigt, „daß die Verpflichtung des mit dieser Aufgabe Betrauten, seine Dienstleistungen unter wirtschaftlich ausgewogenen Bedingungen (scil.: unter Berücksichtigung der Grundsätze der flächendeckenden Versorgung und der Tarifeinheitlichkeit; die Verf.) sicherzustellen, die Möglichkeit eines Ausgleichs zwischen den rentablen und den weniger rentablen Tätigkeitsbereichen voraussetzt und daher eine Einschränkung des Wettbewerbs von seiten einzelner Unternehmer in wirtschaftlich rentablen Bereichen rechtfertigt".

richten, das den Wettbewerb innerhalb des Binnenmarktes vor Verfälschungen schützt (Art. 3 lit. g) EGV). Zu diesen die Wettbewerbsgleichheit gewährleistenden Sicherungssystemen gehören auch die spezifischen Verpflichtungen des EG-Beihilferechts und damit auch seine Forderung, die Rundfunkgebühr als wettbewerbsverzerrende staatliche Beihilfe nur zur Finanzierung derjenigen Felder der Rundfunkbetätigung einzusetzen, die bei marktgerechten Finanzierungsmodi gleichsam von der Bildfläche verschwänden, deren Finanzierung aus dem Gebührenaufkommen gemäß Art. 92 Abs. 3 lit. d) EGV also zur Gewährleistung kultureller Vielfalt in der Bundesrepublik erforderlich ist.

Gegen diese Argumentation läßt sich auch nicht vorbringen, daß diese Form der Querschnittsfinanzierung im System der Rundfunkfinanzierung der Bundesrepublik Deutschland selbst angelegt ist. Nach der landesgesetzlichen Ausgestaltung der Rundfunkfinanzierungsordnung ist der öffentlich-rechtliche Rundfunk im Hinblick auf das ihm zugewiesene Werbevolumen und auf die Werbekonditionen eindeutig schlechter gestellt als der private Rundfunk. Als Kompensation für die Verfälschung der Wettbewerbsparameter zugunsten der privaten Konkurrenten, so ließe sich anführen, erscheine es nur sachgerecht, den öffentlich-rechtlichen Rundfunkanstalten im Gegenzug die Möglichkeit zu gewähren, das Aufkommen der Rundfunkgebühr zur Finanzierung auch derjenigen Programmelemente zu verwenden, für die der private Rundfunk auf seine ungleich höheren Werbeerlöse zurückgreifen kann. Diese mögliche Argumentation erweist sich aber bei tieferer Durchdringung als unhaltbar. Bereits oben wurde darauf hingewiesen[263], daß die beihilferechtlich relevante wettbewerbsverfälschende Wirkung einer mitgliedstaatlichen Fördermaßnahme nicht bereits deshalb entfällt, weil mit ihr andere wettbewerbsverzerrende Maßnahmen ausgeglichen werden sollen. Derartige auf dem Kompensationsgedanken beruhende Rechtfertigungsversuche können die wettbewerbsverfälschenden Wirkungen von Fördermaßnahmen zementieren oder sogar vertiefen und damit die Gesamtintention des Beihilferegimes, in Übereinstimmung und Konkretisierung des Art. 3 lit. g) EGV ein System unverfälschten Wettbewerbs zu errichten und aufrechtzuerhalten, gleichsam in ihr Gegenteil verkehren. Wir brauchen jedoch an dieser Stelle diesen Problemkreis nicht zu vertiefen. Denn das wettbewerblich relevante Rechtsverhältnis beschränkt sich nicht auf eine Rechtsbeziehung zwischen öffentlich-rechtlichem und privatem System. Vielmehr gestalten sich die Wettbewerbsbeziehungen zwischen den öffentlich-rechtlichen Rundfunkanstalten und den einzelnen privaten Veranstaltern komplexer und differenzierter[264]. Chancengleichheit läßt sich in diesem System heterogener Wettbewerbsverhältnisse nur dann herstellen, wenn die Bundesrepublik Deutschland ihre Ordnung der Rundfunkfinanzierung in der Weise aus-

---

263 Vgl. oben unter C. II. 4. b), S. 49 ff. bei Fn. 156.

264 Vgl. dazu unten unter C. III. 4. b) (3), S. 88.

gestaltet, daß die Veranstaltung von Rundfunk in allen seinen Programmsparten zu gleichen Bedingungen zugelassen wird. Dieses noch recht allgemein gehaltene gemeinschaftsrechtliche Petitum soll im folgenden konkretisiert werden.

(3) Beihilferechtlich und verfassungsrechtlich kompatible Ausgestaltung der Rundfunkfinanzierungsordnung in der Bundesrepublik Deutschland

Im folgenden gilt es zunächst, unter Zugrundelegung der bisherigen Untersuchungsergebnisse die zentralen Bausteine zu benennen, auf die ein sowohl mit den Beihilfevorschriften der Art. 92 ff. EGV als auch mit der grundrechtlich geschützten Rundfunkfreiheit vereinbares System der Rundfunkfinanzierung in der Bundesrepublik Deutschland gestützt werden kann. Die Darlegungen werden deutlich machen, daß die Festlegung der Finanzierungsmodalitäten für die Veranstaltung von Rundfunk in der Bundesrepublik Deutschland zwar einerseits der grundsätzlichen Reform bedarf, um vor den EG-Beihilfevorschriften Bestand zu haben, daß sich diese gebotenen Modifizierungen aber andererseits ohne weiteres im Rahmen der grundgesetzlichen Anforderungen an die Finanzierung des Rundfunks in Deutschland bewegen. Dieses gemeinschaftsrechtlich und grundgesetzlich konforme Modell besteht in seiner idealtypischen Erscheinungsform aus folgenden drei tragenden Bausteinen.

Erstens: Von dem Ausschluß privater Rundfunkveranstalter vom Gebührenaufkommen gehen keinerlei pluralitätssichernde, geschweige denn -fördernde Effekte aus. Durch diesen Finanzierungsmodus wird publizistischer Wettbewerb in den Programmfeldern mit qualitativ hochwertigem Standard wesentlich erschwert, wenn nicht sogar faktisch ausgeschlossen. Diese Maßnahme vermag keinen positiven Beitrag zur Förderung des kulturellen Lebens in der Bundesrepublik Deutschland zu leisten und ist damit von Art. 92 Abs. 3 lit. d) EGV nicht gedeckt. Vielmehr ist auch in diesem Bereich der Rundfunkbetätigung Wettbewerb zu denselben Konditionen zuzulassen. Soweit der Gesetzgeber die öffentlich-rechtlichen Rundfunkanstalten über Rundfunkgebühren finanziert, ist er unter dem Gesichtspunkt der Wettbewerbsgleichheit gehalten, die notwendigen gesetzlichen Voraussetzungen zu schaffen, um auch den privaten Veranstaltern den Zugang zu dieser Finanzierungsform zu ermöglichen. Ob einzelne private Anbieter dann auch tatsächlich in den Genuß der Gebührenfinanzierung gelangen, ist in einem gesonderten Verfahren zu entscheiden[265]; hierbei wird unter Beachtung der gesetzlich festgelegten Förderkriterien von den entsprechend zuständigen Stellen zu prüfen sein, ob ein-

---

[265] Vgl. zur Parallelproblematik einer Beteiligung privater Rundfunkveranstalter am Rundfunkgebührenaufkommen nach deutschem Recht *P. Selmer/H. Gersdorf*, DVBl. 1992, 79, 92 f.

zelne private Veranstalter im Interesse der Herausbildung eines in programmlicher und gegenständlicher Hinsicht vielfältigen, insbesondere die Belange von Minderheiten berücksichtigenden Programmangebots gebührenfinanzierungswürdig sind und deshalb zur Gänze oder anteilig aus dem Gebührenaufkommen finanziert werden können.

Zweitens: Sofern sichergestellt ist, daß die Rundfunkgebühren als wettbewerbsverfälschende staatliche Beihilfen zur Finanzierung solcher Programme oder Programmsegmente verwendet werden, die sich durch Rundfunkwerbung oder Pay TV nicht finanzieren lassen, sind die Voraussetzungen des Art. 92 Abs. 3 lit. d) EGV erfüllt. Dieser Form der Subventionierung bedarf es, um die dem Marktmodell immanenten kulturspezifischen Defizite zu korrigieren und der gebotenen Vielfalt in der Rundfunkordnung der Bundesrepublik Deutschland zur Verwirklichung zu verhelfen. *Drittens*: Soweit hingegen die marktwirtschaftlichen Steuerungskräfte zur Finanzierung der Programmdarbietungen ausreichen, ist in einer auf publizistischen und ökonomischen Wettbewerb angelegten Rundfunkordnung die Gebührenfinanzierung zugunsten pluralitätsstiftender und -sichernder Ziele der Unionsstaaten nicht erforderlich und damit gemäß Art. 92 Abs. 3 lit. d) EGV gemeinschaftsrechtlich nicht gerechtfertigt. Die Verwendung des Gebührenaufkommens im massenattraktiven Programmbereich ist demnach gemeinschaftsrechtlich unzulässig.

Dementsprechend verlangt das Gemeinschaftsrecht eine der jeweiligen Funktion der betreffenden Programme oder Programmteile verpflichtete Finanzierung des Rundfunks, die auf dem Prinzip der Wettbewerbsgleichheit beruht und dabei zugleich der kulturellen Funktion des Massenmediums entspricht. Der gesamte Versorgungsauftrag des Rundfunks ist folglich in seine einzelnen Elemente zu zerlegen, die entweder wegen ihres (massen-) attraktiven Charakters genügend Zuspruch beim Publikum erfahren und somit einer marktgerechten Finanzierung zugänglich oder aber eigenartsbedingt mangels hinreichender Akzeptanz und infolge besonderer Kostenintensität durch Rundfunkwerbung oder Pay TV nicht finanzierbar sind. In beiden Programmsektoren ist Wettbewerb zu denselben Bedingungen zuzulassen, wobei sich diese Verpflichtung teilweise aus dem EG-Beihilferecht und teilweise aus dem Grundgesetz ergibt. Gemeinschaftsrecht und Verfassungsrecht wirken zusammen und zielen mit ihrer symbiotischen normativen Steuerungskraft auf ein System chancengleichen Wettbewerbs zwischen den öffentlich-rechtlichen und den privaten Rundfunkveranstaltern.

Wie bereits gezeigt, darf entgegen § 25 S. 2 RfStV eine Finanzierung des privaten Rundfunks aus dem Gebührenaufkommen nicht von vornherein ausgeschlossen werden. Die Verpflichtung, für gleiche Wettbewerbsbedingungen auch auf den publizistisch wertvolleren Feldern der Programmgestaltung Sorge zu tragen, ist gemeinschaftsrechtlich fundiert. Umgekehrt verlangt das EG-Beihilferecht nicht, den öffentlich-rechtlichen Rundfunk in eine „Nischenposition" abzudrängen und seinen Programmauftrag auf die Versorgung von Minderheiten zu beschränken. Das Beihilferecht entfaltet seine Steuerungskraft nur gegenüber der Gebührenfinanzierung des öffentlich-rechtlichen Rundfunks, nicht aber gegenüber seiner Programmbetätigung insgesamt. Nicht der öffentlich-rechtliche Rundfunk als solcher, sondern seine Finanzierung aus dem Gebührenaufkommen kann Gegenstand der beihilferechtlichen Betrachtung sein. Deshalb entbehren auch die auf seiten des öffentlich-rechtlichen Rundfunks geäußerten Befürchtungen beziehungsweise die bei manchen Protagonisten des privaten Rundfunks erweckten Hoffnungen jedweder *rechtlichen* Grundlage, die Anwendbarkeit des EG-Beihilferegimes auf das System der Gebührenfinanzierung würde dem öffentlich-rechtlichen Rundfunk in seiner bisherigen Form den Garaus machen und seinen Entfaltungsrahmen auf eine unerläßliche Mindestversorgung der Bevölkerung mit Rundfunkprogrammen zusammenschrumpfen lassen. Sofern sich die öffentlich-rechtlichen Rundfunkanstalten im massenattraktiven Programmsektor ebenso wie die konkurrierenden privaten Anbieter ausschließlich aus Werbung finanziert und dabei - bei Wegfall der allein für die öffentlich-rechtlichen Sendeanstalten geltenden Werberestriktionen - auf dieselben Wettbewerbsbedingungen trifft, ist Gemeinschaftsrecht nicht verletzt. Für das Wettbewerbsrecht im allgemeinen und das Beihilferegime im besonderen ist es gänzlich unbeachtlich, ob das betreffende, am Wettbewerb teilnehmende Unternehmen öffentlich-rechtlich oder privatrechtlich organisiert ist. Entscheidend ist allein, daß der Wettbewerb zwischen den einzelnen konkurrierenden Unternehmen in einem den Grundsatz der Chancengleicheit wahrenden Sinne ausgestaltet wird und insbesondere wettbewerbsverfälschende staatliche Beihilfen unterbleiben. Allerdings zwingt das EG-Beihilferecht die Unionsstaaten auch nicht dazu, die Werbebedingungen des öffentlich-rechtlichen Rundfunks denen des privaten Systems anzugleichen. Denn gesetzliche Veränderungen der Wettbewerbsparameter zugunsten einzelner Unternehmen ist keine „aus staatlichen Mitteln" gewährte Beihilfe[266]. Gleichwohl dürfte der Gesetzgeber aus verfassungsrechtlichen Gründen zu einer solchen Harmonisierung der Werberegelungen verpflichtet sein. Mit dem Entfallen der im Gebührenprivileg liegenden Berechtigung, das Rundfunkaufkommen auch zur Finanzierung des Unterhaltungsrundfunks zu verwenden, wird auch der Begünstigung des privaten Rundfunks bei der Werbefinanzierung der Boden entzogen. Da zu dem Begriff der Grundversorgung neben den Elementen der Bildung, Beratung und Information auch unterhaltende Beiträge zählen, hat der Gesetzgeber von Verfassungs wegen insoweit für die gleichen Wettbewerbsbedingungen Sorge zu tragen, die für die Finanzierung des auf Unterhaltung der Bevölkerung bedachten privaten Rundfunks gelten. Zur Errichtung dieses Systems gleicher Wettbewerbskonditionen bei der Finanzierung des Unterhaltungsrundfunks ist der

---

266 Vgl. dazu oben unter C. II. 2, S. 29 ff. bei Fn. 83 ff., insbesondere bei Fn. 89.

Gesetzgeber sub specie der Art. 92 ff. EGV zwar nicht verpflichtet, aber doch berechtigt. Es zeigt sich daher, daß das EG-Beihilferegime die spezifische Substanz der von den Rundfunkanstalten wahrzunehmenden Grundversorgungsaufgabe nicht auflöst, sondern ihre Begriffselemente lediglich auf eigenständige, ihrer jeweiligen Funktion entsprechende Finanzierungsgrundlagen stellt. Die Grundversorgung der Bevölkerung mit Rundfunkprogrammen durch die öffentlich-rechtlichen Rundfunkanstalten bleibt durch diese Modifizierungen der Finanzierungsmodi des Rundfunks unberührt.

Gegen die hier vertretene Auffassung könnte man vorbringen, daß aus Gründen der Wettbewerbsgleichheit im Verhältnis von öffentlich-rechtlichen und privaten Rundfunkveranstaltern lediglich sichergestellt werden müsse, daß die öffentlich-rechtlichen Rundfunkanstalten ihre Gesamteinnahmen auf die einzelnen Tätigkeitsfelder in einer Weise aufteilen, welche die Wahrnehmung der spezifisch kulturellen Aufgaben auch tatsächlich bewirkt; es sei dagegen keine Bereichsscheidung zwischen einzelnen Programmen oder Programmteilen mit darauf bezogener funktionsgerechter Finanzierung erforderlich. Eine solche globalisierende Betrachtung könnte nur unter der Prämisse Anerkennung verdienen, daß sich das wettbewerblich relevante Konkurrenzverhältnis auf das öffentlich-rechtliche und private Rundfunksystem insgesamt bezieht und beschränkt. In diesem Fall einer dualen Wettbewerbsbeziehung veränderte die Querschnittssubventionierung innerhalb eines Unternehmens nicht die Wettbewerbschancen im Verhältnis zum Konkurrenzunternehmen. In Wirklichkeit liegen den Wettbewerbsverhältnissen aber weitaus komplexere und differenziertere Strukturen zugrunde. Die öffentlich-rechtlichen Rundfunkanstalten konkurrieren mit einer Vielzahl privater Veranstalter auf teilweise unterschiedlichen Programmbeschaffungs- und Programmverwertungsmärkten. Hieraus leitet sich die Forderung ab, für gleiche Wettbewerbsbedingungen auf eben diesen einzelnen Märkten Sorge zu tragen, was voraussetzt, daß die entsprechenden konkurrierenden öffentlich-rechtlichen und privaten Rundfunkveranstalter bei der Finanzierung ihrer Programmdarbietungen gleichgestellt sind.

Aus diesem Grunde läßt sich die Wettbewerbsgleichheit zwischen den konkurrierenden Anbietern auch nicht dadurch herbeiführen, daß sich die öffentlich-rechtlichen Rundfunkanstalten in Zukunft ausschließlich aus den Erlösen der Rundfunkgebühren finanzieren, während die Rundfunkwerbung als Finanzierungsmittel allein den Privaten vorbehalten wird. Zwar werden im politischen Raume entsprechende Überlegungen angestellt[267]; auch gibt es Länder

[267] So etwa *R. Klimm*, Vorsitzender der SPD-Medienkommission, zur künftigen Finanzierung des öffentlich-rechtlichen Rundfunks: „Ich kann mir einen Verzicht auf Werbeeinnahmen vorstellen", in: „Wochenpost", zitiert in Frankfurter Rundschau Nr. 28 vom 3. Februar 1994, S. 12.

in Europa, in denen der öffentlich-rechtliche Rundfunk ausschließlich gebührenfinanziert ist[268]. Gleichwohl würde eine solche Aufspaltung der Finanzierungsgrundlagen beider Systeme den gemeinschaftsrechtlichen Anforderungen an die Rechtfertigung staatlicher Beihilfen nach Art. 92 Abs. 2 lit. d) EGV nicht genügen: Zum einen könnte ein ausschließlich auf Werbeeinnahmen angewiesener privater Rundfunk im qualitativ anspruchsvolleren Programmbereich gegenüber dem gebührenfinanzierten öffentlich-rechtlichen Rundfunk dauerhaft nicht bestehen, was der Förderung von Vielfalt abträglich ist; zum anderen ist es nicht „notwendig", das Gebührenaufkommen zur Finanzierung solcher Programme heranzuziehen, die gleichermaßen aus den Erlösen der Wirtschaftswerbung oder durch Pay TV finanzierbar sind.

Um den aus Art. 92 ff. EGV folgenden Anforderungen an die Ausgestaltung der Finanzierung des Rundfunks gerecht zu werden, ist mithin eine auf unterschiedlichen Finanzierungsgrundlagen beruhende Trennung der einzelnen Funktionsbereiche des dem Rundfunk obliegenden Versorgungsauftrages geboten. Unvereinbar mit diesem Petitum ist es, die Verwendung der verfügbaren Finanzmittel der freien Dispositionsmacht der öffentlich-rechtlichen Rundfunkanstalten anheimzustellen[269]. Vielmehr ist zur Wahrung gemeinschaftsrechtlicher Verpflichtungen eine strikte haushaltsrechtliche und nach Möglichkeit organisatorische Trennung der einzelnen Funktionsbereiche erforderlich. Die öffentlich-rechtlichen Rundfunkanstalten müssen Rechenschaft darüber ablegen, für welche Programme und Sendungen sie das ihnen zufließende Aufkommen aus der wettbewerbsverfälschenden Rundfunkgebühr verwenden, um eine klare, der jeweiligen Funktion der Programmdarbietungen entsprechende Zuweisung der Mittel vornehmen zu können. Gleiches gilt auch für die privaten Rundfunkveranstalter, sofern ihnen zur vollständigen oder aber ergänzenden Finanzierung ihrer Programmdarbietungen Mittel aus dem Aufkommen dieser Abgabe zugeteilt werden sollen.

Keine ins Gewicht fallenden Schwierigkeiten sollte es bereiten, leistungsfähige Kriterien zu gewinnen, mit deren Hilfe der gebührenfinanzierungswürdige von dem werbe- oder entgeltfinanzierten Programmbereich abzugrenzen ist. Die bereits heute vorhandenen Bemessungsmethoden zur Feststellung der Einschaltquoten erweisen sich als hinreichend leistungsfähig, um die wirtschaftliche Notwendigkeit für entsprechende ergänzende oder vollständige Finanzzuweisungen aus dem Aufkommen der Rundfunkgebühr sichtbar werden zu lassen. Die letzten Schwierigkeiten dürften mit der Einführung der „video on demand"-Technik ausgeräumt werden, deren auf die tatsächliche Sehdauer

---

268 So die BBC in Großbritannien und der öffentlich-rechtliche Rundfunk in Dänemark, Norwegen und Schweden.

269 So aber zur Rundfunkfreiheit des Art. 5 Abs. 1 S. 2 GG BVerfGE 87, 181, 203; ebenso BVerfG, AfP 1994, 32, 34.

bezogene Entgeltberechnung[270] verläßlichen Aufschluß über die wirklichen Reichweiten der einzelnen Programmdarbietungen und damit über die Möglichkeit einer marktgerechten Finanzierung gibt.

Schließlich wird nicht übersehen, daß bereits aus synergetischen Gründen eine klare und abgrenzbare Allokation bestimmter technischer und personeller Ressourcen nicht immer möglich ist. Es macht unter kaufmännischen Gesichtspunkten zuweilen keinen Sinn, für die unterschiedlichen Programmsparten jeweils eine eigenständige personelle und sachliche Infrastruktur zur Verfügung zu stellen. Vielmehr lassen sich Einsparungen häufig dadurch erzielen, daß man die verfügbaren Ressourcen den verschiedenen Bereichen gleichermaßen zugute kommen läßt. Haushaltstechnisch müßten insoweit Parameter entwickelt werden, welche die tatsächlichen Größenordnungen solcher Formen der Querschnittsallokationen in den einzelnen Programmbereichen ausweisen helfen.

Es steht außer Frage, daß das hier vorgeschlagene Modell in vielfacher Weise noch der weiteren Operationalisierung bedarf, um der Praxis ein vollzugsfähiges Instrumentarium zur Verfügung stellen zu können. Hierbei wird gewiß auf die Erkenntnisse anderer wissenschaftlicher Disziplinen, namentlich der Finanz- und Wirtschaftswissenschaften, so möglicherweise etwa auf die im Zusammenhang mit der Wirtschaftlichkeitsprüfung der öffentlich-rechtlichen Rundfunkanstalten gewonnenen Einsichten, zurückgegriffen werden können. Diese Arbeit kann im Rahmen der vorliegenden Untersuchung nicht geleistet werden. In ihr ging es lediglich darum, die beihilferechtlichen Direktiven des Gemeinschaftsrechts herauszuarbeiten, um aus ihrer Anwendung auf die duale Rundfunkordnung der Bundesrepublik gewisse leitende Richtpunkte zu gewinnen, die der Gesetzgeber bei der Ausgestaltung der Finanzierung des Rundfunks in der Bundesrepublik Deutschland zu beachten hat.

---

270 Vgl. hierzu bereits die Ausführungen in Fn. 27.

D. Zusammenfassung in Thesen

Im letzten Teil werden die zentralen Ergebnisse der vorliegenden Untersuchung nochmals thesenhaft zusammengefaßt.

I. Untersuchungsgegenstand

1. Im Rahmen der Mischfinanzierung des öffentlich-rechtlichen Rundfunks stellt die Rundfunkgebühr die vorrangige Finanzierungsquelle dar. Rundfunkwerbung der öffentlich-rechtlichen Sendeanstalten unterliegt im Vergleich zum privaten Rundfunk strengeren Restriktionen[271]. Der private Rundfunk seinerseits finanziert sich demgegenüber fast ausschließlich aus Werbeeinnahmen. Seine Alimentierung aus der Rundfunkgebühr ist (einfach-) gesetzlich ausgeschlossen. Als Kompensation für den Ausschluß vom Rundfunkgebührenaufkommen wird ihm Rundfunkwerbung in weitaus größerem Maße zugebilligt als den öffentlich-rechtlichen Rundfunkanstalten[272].

2. Gegenstand der Untersuchung ist die Frage, ob das System der Rundfunkfinanzierung in der Bundesrepublik Deutschland mit den Vorschriften des EG-Beihilferegimes in Einklang steht. Dabei beschränkt sich die Prüfung nicht auf die gemeinschaftsrechtliche Zulässigkeit der Gebührenfinanzierung des öffentlich-rechtlichen Rundfunks. Vielmehr wird umgekehrt auch die Privilegierung des privaten Rundfunks im Bereiche der Finanzierung aus Wirtschaftswerbung in die Analyse miteinbezogen.

II. Tatbestand des Art. 92 Abs. 1 EGV

1. Das System der Gebührenfinanzierung des öffentlich-rechtlichen Rundfunks erfüllt sämtliche Tatbestandsvoraussetzungen des Art. 92 Abs. 1 EGV[273]: Die Gebührenfinanzierung ist eine aus staatlichen Mitteln, näm-

---

[271] Vgl. B. II. 1., S. 17.

[272] Vgl. B. II. 2., S. 18

[273] Vgl. C. II., S. 23 ff.

lich im Wege parafiskalischer Umverteilung gewährte staatliche Beihilfe, welche die Wettbewerbsfähigkeit der öffentlich-rechtlichen Rundfunkanstalten auf den Programmbeschaffungs-, den Programmverwertungs- und den Werbemärkten zugunsten der öffentlich-rechtlichen Sendeanstalten und zu Lasten konkurrierender inländischer und ausländischer privater Anbieter verändert und dadurch zugleich den Handel zwischen den Mitgliedstaaten der Europäischen Union beeinträchtigt. Die wettbewerbsverzerrende Privilegierung des öffentlich-rechtlichen Rundfunks beruht auf zwei voneinander zu unterscheidenden Fördersträngen[274]: zum einen auf den Einnahmen, welche durch die zwangsweise Heranziehung der Rezipienten für die Bereitstellung eines Rundfunkempfangsgerätes erzielt werden; und zum anderen auf dem Ausschluß des privaten Rundfunks vom Rundfunkgebührenaufkommen, durch den die Wettbewerbslage der öffentlich-rechtlichen Rundfunkanstalten auf den Programmbeschaffungs- und den -verwertungsmärkten für qualitativ anspruchsvollere, unter publizistischen Gesichtspunkten leistungsfähigere Produktionen verbessert wird.

2. Die im Verhältnis zu den öffentlich-rechtlichen Sendeanstalten bei der Finanzierung aus Werbeeinnahmen vorgenommene Begünstigung der privaten Rundfunkveranstalter ist keine aus „staatlichen Mitteln" gewährte Beihilfe und damit beihilferechtlich irrelevant. Diese Form interventionistischer staatlicher Wettbewerbspolitik verändert zwar die wettbewerblichen Parameter zum Vorteil der privaten Rundfunkveranstalter; ihr fehlt es aber an dem Art. 92 Abs. 1 EGV immanenten Erfordernis öffentlicher Finanzwirksamkeit[275].

3 Im Bereiche kulturpolitisch motivierter Beihilfen verdrängt Art. 92 Abs. 3 lit. d) EGV als lex specialis die Vorschrift des Art. 90 Abs. 2 EGV. Art. 92 Abs. 3 lit. d) EGV enthält eine bereichsspezifische, auf die Wahrung nationaler Kulturstaatlichkeit gerichtete Kulturverträglichkeitsklausel und geht dem in Art. 90 Abs. 2 EGV niedergelegten Vorbehalt zugunsten allgemeiner öffentlicher Interessen der Unionsstaaten vor[276].

III. Gemeinschaftsrechtliche Rechtfertigung der Gebührenfinanzierung des öffentlich-rechtlichen Rundfunks

1. Die Aufrechterhaltung eines pluralistischen Rundfunksystems ist als Bestandteil der Kulturpolitik der Unionsmitgliedstaaten gemeinschaftsgrund-

---

274 Vgl. C. II. 1. a), S. 25 ff. nach Fn. 63.

275 Vgl. C. II. 2., S. 29 ff. bei Fn. 89 f.

276 Vgl. C. II. 3. b) (3), S. 43 ff. bei Fn. 136 f.

rechtlich fundiert. Der Schutz des Pluralismus im Rundfunk nimmt als gemeinsame Verfassungsüberlieferung der Mitgliedstaaten und als objektivrechtliche Ausprägung des Art. 10 EMRK am gemeinschaftsrechtlichen Grundrechtsschutz teil[277].

2. Art. 92 Abs. 3 lit. d) EGV begründet ein präventives Verbot mit Erlaubnisvorbehalt: Die Notifizierungspflicht der Mitgliedstaaten und der Erlaubnisvorbehalt sind rein formale Schranken, die nichts über die Zulässigkeit der beabsichtigten oder bereits durchgeführten kulturpolitisch motivierten Beihilfe aussagen. Die Ermessensentscheidung der Europäischen Kommission ist ein konfliktverhinderndes oder -bereinigendes Instrumentarium, das nach Maßgabe des Grundsatzes der praktischen Konkordanz eingesetzt und gehandhabt werden muß, um auf diese Weise den gebotenen sachgerechten Ausgleich zwischen den gemeinschaftsrechtlichen Zielen der wettbewerblichen Chancengleichheit einerseits und der Förderung des Kulturlebens in den Mitgliedstaaten andererseits zu erreichen. Beide Aspekte stehen nicht im Verhältnis von Primär- und Sekundärzielsetzungen zueinander, sondern nehmen als gleichstufige Zielwerte den gleichen Rang ein auf der Bedeutungsskala des Aufgabenkatalogs der Europäischen Union[278].

3. Der Vorschrift des Art. 92 Abs. 3 lit. d) EGV liegt die Struktur des Verhältnismäßigkeitsgrundsatzes mit seinen drei Elementen der Eignung, Notwendigkeit und Angemessenheit zugrunde[279].

4. Die Gebührenfinanzierung des öffentlich-rechtlichen Rundfunks ist kraft ihrer spezifisch pluralitätsstiftenden und -erhaltenden Funktion geeignet, das kulturelle Leben in der Bundesrepublik Deutschland im Sinne des Art. 92 Abs. 3 lit. d) EGV zu fördern[280]. Demgegenüber dient der Ausschluß privaten Rundfunks vom Gebührenaufkommen nicht diesem Ziel. Er schwächt die publizistische Leistungsfähigkeit privater Rundfunkveranstalter und verkürzt den publizistischen Wettbewerb mit den öffentlich-rechtlichen Sendeanstalten. Der Gesetzgeber fördert mit dieser Form der Privilegierung des öffentlich-rechtlichen Rundfunks nicht das kulturelle Leben in Deutschland, sondern bewirkt gerade das Gegenteil dessen, was mit Art. 92 Abs. 3 lit. d) EGV angestrebt ist[281].

5. Wettbewerbsverfälschende Beihilfen zugunsten kultureller Zwecke sind nur insoweit mit Gemeinschaftsrecht vereinbar, als der marktgerechte

---

277 Vgl. C. III. 3., S. 65 ff.

278 Vgl. C. III. 4. a) (1), S. 70 ff.

279 Vgl. C. III. 4. a) (2), S. 72 f.

280 Vgl. C. III. 4. b) (1), S. 74 ff. bei Fn. 234 ff.

281 Vgl. C. III. 4. b) (1), S. 74 ff. nach Fn. 237.

Selbstlauf die betreffenden kulturspezifischen Ziele nicht zu erreichen in der Lage ist. Die Rundfunkgebühr hat demnach lediglich eine kompensatorische Funktion im Hinblick auf die vielfaltsbezogenen Defizite des Systems der Werbefinanzierung oder auch des Pay TV. Mit ihrer Hilfe dürfen nur diejenigen Programme und Programmsegmente finanziert werden, deren verhältnismäßig niedrige Einschaltquoten - oftmals verbunden mit relativ hohen Produktionskosten - bei einem auf Marktgesetzen beruhenden Rundfunkfinanzierungssystem eine hinreichend sichere Finanzierung nicht erwarten lassen. Die Rundfunkgebühr darf lediglich zur Korrektur der marktimmanenten Verwerfungen im kulturellen Versorgungsauftrag des Rundfunks eingesetzt werden, nicht aber als Instrument einer universellen Finanzierung des Programmauftrags der öffentlich-rechtlichen Rundfunkanstalten[282].

IV. Beihilferechtlich und grundgesetzlich kompatible Ausgestaltung der Rundfunkfinanzierungsordnung in der Bundesrepublik Deutschland

1. Das EG-Beihilferecht verlangt eine auf die jeweilige Funktion der betreffenden Programme oder Programmteile bezogene Finanzierung des Rundfunks, die auf dem Prinzip der Wettbewerbsgleichheit beruht und dabei zugleich der kulturellen Funktion des Massenmediums entspricht. Der gesamte Versorgungsauftrag des Rundfunks ist in seine verschiedenen Elemente zu zerlegen, die entweder wegen ihres (massen-) attraktiven Charakters genügend Zuspruch beim Publikum erfahren und somit einer marktgerechten Finanzierung zugänglich sind oder aber mangels hinreichender Akzeptanz und besonderer Kostenintensität durch Rundfunkwerbung oder Pay TV nicht finanzierbar sind und daher der finanziellen Absicherung durch Rundfunkgebühren bedürfen[283].

2. Das Gemeinschaftsrecht verpflichtet die Bundesrepublik Deutschland dazu, die privaten Rundfunkveranstalter am Rundfunkgebührenaufkommen zu beteiligen, um auf diese Weise für gleiche Wettbewerbschancen im Bereiche der Veranstaltung kulturell anspruchsvoller, unter publizistischen Gesichtspunkten leistungsfähiger Rundfunkprogramme Sorge zu tragen[284].

3. Das EG-Beihilferecht gebietet nicht, den öffentlich-rechtlichen Rundfunk in eine „Nischenposition“ abzudrängen und seinen Programmauftrag auf

---

282 Vgl. C. III. 4. b) (2), S. 79 ff., insbesondere bei Fn. 257 ff.

283 Vgl. C. III. 4. b) (3), S. 85 ff., insbesondere S. 86.

284 Vgl. C. III. 4. b) (3), S. 85 ff., insbesondere bei Fn. 265.

die Versorgung von Minderheiten zu beschränken. Sofern sich der öffentlich-rechtliche Rundfunk im massenattraktiven Programmsektor wie die konkurrierenden privaten Anbieter ausschließlich aus Werbung finanziert und dabei - bei Wegfall der allein für die öffentlich-rechtlichen Sendeanstalten geltenden Werberestriktionen - auf dieselben Wettbewerbsbedingungen trifft, ist Gemeinschaftsrecht nicht verletzt. Allerdings zwingt das EG-Beihilferecht die Unionsstaaten auch nicht dazu, die Werbebedingungen des öffentlich-rechtlichen Rundfunks denen des privaten Systems anzugleichen. Eine solche - gemeinschaftsrechtlich unbedenkliche - Verpflichtung zur Harmonisierung der Werberegelungen dürfte aber unter dem Blickwinkel des Art. 5 Abs. 1 S. 2 GG geboten sein[285].

4. Unter den Auspizien des Beihilferechts ist eine strikte haushaltsrechtliche und nach Möglichkeit organisatorische Trennung der verschiedenen Funktionsbereiche des Rundfunks erforderlich. Die öffentlich-rechtlichen Rundfunkanstalten müssen Rechenschaft darüber ablegen, für welche Programme und Sendungen sie das ihnen zufließende Aufkommen aus der wettbewerbsverfälschenden Rundfunkgebühr verwenden, um eine klare, der jeweiligen Funktion der Programmdarbietungen entsprechende Zuweisung der Mittel vornehmen zu können. Gleiches gilt auch für die privaten Rundfunkveranstalter, sofern und soweit ihnen zur vollständigen oder aber ergänzenden Finanzierung ihrer Programmdarbietungen Mittel aus dem Gebührenaufkommen zugeteilt werden sollen[286].

---

285 Vgl. C. III. 4. b) (3), S. 85 ff., insbesondere bei Fn. 266.

286 Vgl. C. III. 4. b) (3), S. 85 ff. insbesondere bei Fn. 269 f.

Literaturverzeichnis

Astheimer, Sabine: Rundfunkfreiheit - ein europäisches Grundrecht: Eine Untersuchung zu Art. 10 EMRK, Baden-Baden 1990.

Bach, Albrecht: Wettbewerbsrechtliche Schranken für staatliche Maßnahmen nach europäischem Gemeinschaftsrecht, Tübingen 1992.

Badura, Peter: Zur Frage der Zulässigkeit von Fördermaßnahmen zugunsten privater Anbieter, die aus dem Aufkommen der Rundfunkgebühr finanziert werden, ZUM 1988, 155.

Berg, Klaus/*Kiefer*, Marie-Luise: dies. (Hrsg.), Massenkommunikation IV. Schriftenreihe Media Perspektiven, Bd. 12, Baden-Baden 1992.

Bethge, Herbert: Landesrundfunkordnung und Bundeskartellrecht, Baden-Baden 1991.

- Die Verfassungsrelevanz des föderalen Rundfunkfinanzausgleichs. Zur Finanzierung des öffentlich-rechtlichen Rundfunks im kooperativen Bundesstaat, München, Berlin 1992.

- Die Zulässigkeit der zeitlichen Beschränkung der Hörfunkwerbung im NDR. Umfang und Grenzen der staatlichen Regulierung der Wirtschaftswerbung im öffentlich-rechtlichen Rundfunk, Baden-Baden 1992.

- Zur Existenz und Relevanz eines Funktionsgewährleistungsanspruchs einer Rundfunkanstalt gegen den Staat, in: DÖV 1988, 97.

- Funktionsgerechte Finanzierung der Rundfunkanstalten durch den Staat, in: AöR Bd. 116 [1991], 521.

Beutler, Bengt: Die Erklärung des Europäischen Parlaments über die Grundrechte und Grundfreiheiten, EuGRZ 1989, 185.

Bleckmann, Albert: Europarecht. Das Recht der Europäischen Wirtschaftsgemeinschaften, 5. Auflage, Köln, Berlin, Bonn, München 1990.

- Die kommunale Leistungsverwaltung, insbesondere die Subventionsvergabe im europäischen Binnenmarkt, NVwZ 1990, 820.

Bohr, Kurt/*Albert*, Helmut: Die Europäische Union - das Ende der eigenständigen Kulturpolitik der deutschen Bundesländer?, ZRP 1993, 61.

Caspari, Manfred: Subventions- und Anti-Subventionspolitik der Europäischen Gemeinschaften, Vortrag auf dem XVIII. FIW-Symposium, Innsbruck 1985.

Daig, Hans-Wolfram: Nichtigkeits- und Untätigkeitsklagen im Recht der Europäischen Gemeinschaften unter besonderer Berücksichtigung der Rechtsprechung des Gerichtshofs der Europäischen Gemeinschaften und der Schlußanträge der Generalanwälte, Baden-Baden 1985.

De Gucht, Karel: Bericht im Namen des Institutionellen Ausschusses über die Erklärung der Grundrechte und Grundfreiheiten, EuGRZ 1989, 207.

Degenhart, Christoph: Rundfunkordnung im europäischen Rahmen, ZUM 1992, 449.

- Urteilsanmerkung zu EuGH - ERT, Slg. Slg. I 1991, 2925, JZ 1992, 685.

Delbrück, Jost: Die Rundfunkhoheit der deutschen Bundesländer im Spannungsfeld zwischen Regelungsanspruch der Europäischen Gemeinschaft und nationalem Verfassungsrecht, Frankfurt a.M. 1986.

Deringer, Arved: „Sperrklauseln" in Filmlizenzverträgen, WuW 1985, 546.

- Europäisches Gemeinschaftsrecht und nationale Rundfunkordnung, ZUM 1986, 627.

Eberle, Carl-Eugen: Das europäische Recht und die Medien am Beispiel des Rundfunkrechts, AfP 1993, 422.

- Das Fernsehen im Zugriff des europäischen Rechts, in: Bernd Becker/Hans Peter Bull/Otfried Seewald (Hrsg.), Festschrift für Werner Thieme, Köln, Berlin, Bonn, München 1993, S. 939.

- Funding the public service broadcasters, Contribution to the 1993 European Television Symposium „Managing for chance", 4./5. 11. 1993 Brussels, Vortragsmanuskript.

Eberle, Carl-Eugen/*Gersdorf*, Hubertus: Der grenzüberschreitende Rundfunk im deutschen Recht, Baden-Baden 1993.

Eichenhofer, Eberhard: Urteilsanmerkung zu EuGH - AGF/CAMULRAC/CANCAVA, NJW 1993, 2597, NJW 1993, 2598.

Emmerich, Volker: Rundfunkrecht im Wettbewerbsrecht, AfP 1989, 433.

Emmerich, Volker/*Steiner*, Udo: Möglichkeiten und Grenzen der wirtschaftlichen Betätigung der öffentlich-rechtlichen Rundfunkanstalten, Berlin 1986.

Engel, Christoph: Privater Rundfunk vor der Europäischen Menschenrechtskonvention, Baden-Baden 1993.

Everling, Ulrich: Brauchen wir „Solange III"? Zu den Forderungen nach Revision der Rechtsprechung des Bundesverfassungsgerichts, EuR 1990, 195.

Feger, Dieter: Die Grundrechte im Recht der Europäischen Gemeinschaften - Bestand und Entwicklung, Frankfurt a.M., Bern, New York 1984.

Fröhlinger, Margot: EG-Wettbewerbsrecht und Fernsehen, Kurzreferat im Rahmen des BLM-Rundfunkkongresses auf den Medientagen München 1992, Vortragsmanuskript.

Gabriel-Bräutigam, Karin: Rundfunkkompetenz und Rundfunkfreiheit. Eine Untersuchung über das Verhältnis der Rundfunkhoheit der Länder zu den Gesetzgebungszuständigkeiten des Bundes, Baden-Baden 1990.

Geiger, Rudolf: EG-Vertrag. Kommentar zu dem Vertrag zur Gründung der Europäischen Gemeinschaft, München 1993.

Gersdorf, Hubertus: Zur Zulässigkeit von „Vampir-Werbeblöcken“ im öffentlich-rechtlichen Rundfunk, AfP 1992, 338.

Grundmann, Birgit: Die öffentlich-rechtlichen Rundfunkanstalten im Wettbewerb, Baden-Baden 1990.

Hainer, Wolfgang: Mehr Wettbewerb im dualen Rundfunksystem, Media Perspektiven 1994, 54.

Herrmann, Günter: Europa und die Medien, ZUM 1985, 175.

Hess, Wolfgang: Die EG-Rundfunkrichtlinie vor dem Bundesverfassungsgericht. Anmerkungen zum Verfahren 2 BvG 1/89, AfP 1990, 95.

Hesse, Albrecht: Rundfunkrecht. Die Organisation des Rundfunks in der Bundesrepublik Deutschland, München 1990.

- Anmerkung zum Nordrhein-Westfalen-Urteil des Bundesverfassungsgerichts, JZ 1991, 357.

- Rundfunk zwischen demokratischer Willensbildung und dem Zugriff der EG, JZ 1993, 545.

Hoffmann-Riem, Wolfgang: Rundfunkrecht neben Wirtschaftsrecht. Zur Anwendbarkeit des GWB und des EWG-V auf das Wettbewerbsverhalten öffentlich-rechtlichen Rundfunks in der dualen Rundfunkordnung, Baden-Baden 1991.

Ipsen, Hans-Peter: Rundfunk im Europäischen Gemeinschaftsrecht, Frankfurt a.M.1983.

Isensee, Josef: Gemeinwohl und Staatsaufgaben im Verfassungsstaat, in: ders./Paul Kirchhof (Hrsg.), Handbuch des Staatsrechts der Bundesrepublik Deutschland, Band III, Heidelberg 1988, § 57.

Jarass, Hans D.: In welcher Weise empfiehlt es sich, die Ordnung des Rundfunks und sein Verhältnis zu anderen Medien - auch unter dem Gesichtspunkt der Harmonisierung - zu regeln?, Gutachten zum 56. Deutschen Juristentag, München 1986, G.

- EG-Recht und nationales Rundfunkrecht. Zugleich ein Beitrag zur Reichweite der Dienstleistungsfreiheit, EuR 1986, 75.

Jungbluth, Armin: Das Niederlassungsrecht der Rundfunkveranstalter in der Europäischen Gemeinschaft, Baden-Baden 1992.

Keßler, Werner: Die Filmwirtschaft im Gemeinsamen Markt. Rechtsfragen der Herstellung eines europäischen Filmmarktes unter besonderer Berücksichtigung der Niederlassungs- und Dienstleistungsfreiheit sowie der Filmförderung, Berlin 1976.

- Zur Auslegung des Art. 92 Abs. 1 EWG-Vertrag, DÖV 1977, 619.

Klaue, Siegfried: Zur Anwendung des Kartellgesetzes auf die öffentlich-rechtlichen Rundfunkanstalten, in: W. Hoffmann-Riem (Hrsg.), Rundfunk im Wettbewerbsrecht: Der öffentlich-rechtliche Rundfunk im Spannungsfeld zwischen Wirtschaftsrecht und Rundfunkrecht, Baden-Baden 1988, S. 84.

Klein, Eckart/*Beckmann*, Martina: Neuere Entwicklungen des Rechts der Europäischen Gemeinschaften, in: DÖV 1990, 170.

Klose, Martin: Die Rolle des Sports bei der europäischen Einigung. Zum Problem von Ausländersperrklauseln, Berlin 1989.

Kollek, Andreas: Rechtsfragen der Rundfunkfinanzierung, Frankfurt a.M. 1987.

Kommission der Europäischen Gemeinschaften: Fernsehen ohne Grenzen. Grünbuch über die Errichtung des Gemeinsamen Marktes für den Rundfunk, insbesondere über Satellit und Kabel: Mitteilung der Kommission der Europäischen Gemeinschaften vom 14.06.1984, Dok. KOM (84) 300 endg.

- Pluralismus und Medienkonzentration im Binnenmarkt. Bewertung der Notwendigkeit einer Gemeinschaftsaktion. Grünbuch der Kommission der Europäischen Gemeinschaften vom 23.12. 1992, Dok. KOM (92) 480 endg.

Koppensteiner, Hans-Georg: Das Subventionsrecht im Vertrag über die Europäische Gemeinschaft für Kohle und Stahl, Baden-Baden 1965.

Kulka, Michael: Programmkoordinierung und Kartellrecht, AfP 1985, 177.

Kull, Edgar: Rundfunk-Grundversorgung - Kontext, Begriff, Bedeutung, AfP 1987, 462.

Larenz, Karl: Methodenlehre der Rechtswissenschaft, 6. Auflage Berlin, Heidelberg, New York 1991.

Lefèvre, Dieter: Staatliche Ausfuhrförderung und das Verbot wettbewerbsverfälschender Beihilfen im EWG-Vertrag, Baden-Baden 1977.

Löw, Norbert: Der Rechtsschutz des Konkurrenten gegenüber Subventionen aus gemeinschaftsrechtlicher Sicht, Baden-Baden 1992.

Mestmäcker, Ernst-Joachim: In welcher Weise empfiehlt es sich, die Ordnung des Rundfunks und sein Verhältnis zu anderen Medien - auch unter dem Gesichtspunkt der Harmonisierung - zu regeln?, 56. Deutscher Juristentag, München 1986, Band II, 09.

- Wege zur Rundfunkfreiheit in Europa, in: ders. (Hrsg.), Offene Rundfunkordnung. Prinzipien für den Wettbewerb im grenzüberschreitenden Rundfunk, Gütersloh 1988, S. 9.

Mestmäcker, Ernst-Joachim/*Engel*, Christoph/*Gabriel-Bräutigam*, Karin/*Hoffmann*, Martin: Der Einfluß des europäischen Gemeinschaftsrechts auf die deutsche Rundfunkordnung, Baden-Baden 1990.

Monopolkommission: Gesamtwirtschaftliche Chancen und Risiken wachsender Unternehmensgrößen: VI. Hauptgutachten 1984/85, Baden-Baden 1986.

- Wettbewerbspolitik oder Industriepolitik?: IX. Hauptgutachten 1990/1991, Baden-Baden 1992.

Müller-Graff, Peter-Christian: Die Erscheinungsformen der Leistungssubventionstatbestände aus wirtschaftsrechtlicher Sicht, ZHR Bd. 152 [1988], 403.

Nicolaysen, Gert: Subventionen für öffentliche Unternehmen und Wettbewerb im Gemeinsamen Markt, in: Bodo Börner/Konrad Neundörfer (Hrsg.), Recht und Praxis der Beihilfe im Gemeinsamen Markt, Köln, Berlin, Bonn, München 1984, S. 111.

Nowottny, Friedrich/*Stolte*, Dieter: Gemeinsames Schreiben an den Vorsitzenden der Ministerpräsidentenkonferenz vom 24./25. September 1992, Media Perspektiven 1992, 195.

Oppermann, Thomas: Europarecht, München 1991.

Ossenbühl, Fritz: Rundfunk zwischen nationalem Verfassungsrecht und europäischem Gemeinschaftsrecht, Frankfurt a.M. 1986.

Pache, Eckhard: Rechtsfragen der Aufhebung gemeinschaftswidriger nationaler Beihilfebescheide, NVwZ 1994, 318.

Pernice, Ingolf: Gemeinschaftsverfassung und Grundrechtsschutz - Grundlagen, Bestand und Perspektiven, NJW 1990, 2409.

Reich, Norbert: Rundfunkrecht und Wettbewerbsrecht vor dem Forum des europäischen Gemeinschaftsrechts, in: Wolfgang Hoffmann-Riem (Hrsg.), Rundfunk im Wettbewerbsrecht: Der öffentlich-rechtliche Rundfunk im Spannungsfeld zwischen Wirtschaftsrecht und Rundfunkrecht, Baden-Baden 1988, S. 224.

Rengeling, Hand-Werner: Das Beihilferecht der Europäischen Gemeinschaften, in: Bodo Börner/Konrad Neundörfer (Hrsg.), Recht und Praxis der Beihilfe im Gemeinsamen Markt, Köln, Berlin, Bonn, München 1984, S. 23.

- Grundrechtsschutz in der Europäischen Gemeinschaft. Bestandsaufnahme und Analyse der Rechtsprechung des Europäischen Gerichtshofs zum Schutz der Grundrechte als allgemeine Rechtsgrundsätze, München 1992.

Ress, Georg: Kultur und Europäischer Binnenmarkt. Rechtliche Auswirkungen des Europäischen Binnenmarktes auf die Kulturpolitik in der Bundesrepublik Deutschland, Stuttgart, Berlin, Köln 1991.

- Die neue Kulturkompetenz der EG, DÖV 1992, 944.

Ricker, Reinhart: Rundfunkwerbung und Rundfunkordnung, München 1985.

- Die Grundversorgung als Aufgabe des öffentlich-rechtlichen Rundfunks, ZUM 1989, 331.

Roth, Wulf-Henning: Rundfunk und Kartellrecht, AfP 1986, 287.

- Grundfreiheiten des Gemeinsamen Marktes für kulturschaffende Tätigkeiten und kulturelle Leistungsträger, ZUM 1989, 101.

Rüggeberg, Jörg: Rundfunk als Wirtschaftsgut. Die Europäische Wirtschaftsgemeinschaft im Zugriff auf den öffentlich-rechtlichen Rundfunk, VerwArch Bd. 83 [1992], 330.

Schinck, Alexander: Die europäische Regionalisierung - Erwartungen und deutsche Erfahrungen, DÖV 1992, 385.

Schmidt, Walter: Die Rundfunkgebühr in der dualen Rundfunkordnung. Zur Problematik des „Aufsichtsgroschens" und anderer „zusätzlicher Anteile" an der öffentlichrechtlichen Rundfunkgebühr, Frankfurt a.M. 1989.

Schmidt Glaeser, Walter: Art. 5 Abs. 1 S. 2 GG als „Ewigkeitsgarantie" des öffentlich-rechtlichen Rundfunks, DÖV 1987, 837.

Schroeder, Werner: Sport und Europäische Integration. Die Diskriminierung von Sportlern in der Europäischen Gemeinschaft, München 1989.

Schwartz, Ivo E.: Zur Zuständigkeit der Europäischen Gemeinschaft im Bereich des Rundfunks, AfP 1987, 375.

- EG-Rechtsetzungsbefugnisse für das Fernsehen, ZUM 1989, 381.

- Rundfunk, EG-Kompetenzen und ihre Ausübung, ZUM 1991, 155.

- Subsidiarität und EG-Kompetenzen - Der neue Titel „Kultur" - Medienvielfalt und Binnenmarkt, AfP 1993, 409.

Schweitzer, Michael/*Fixson*, Oliver: Subsidiarität und Regionalismus in der Europäischen Gemeinschaft, Jura 1992, 579, 585.

Schweitzer, Michael/*Hummer*, Waldemar: Europarecht, 4. Auflage, Neuwied, Berlin 1993.

Seemann, Klaus: Das 4. Rundfunkurteil des Bundesverfassungsgerichts im Lichte der Rechtsauffassung der Bundesregierung, DÖV 1987, 129.

Seidel, Lore: „Fernsehen ohne Grenzen", NVwZ 1991, 120.

Seidel, Martin: Grundfragen des Beihilfenaufsichtsrechts der Europäischen Gemeinschaften, in: Bodo Börner/Konrad Neundörfer (Hrsg.), Recht und Praxis der Beihilfe im Gemeinsamen Markt, Köln, Berlin, Bonn, München 1984, S. 55.

Selmer, Peter: Steuerinterventionismus und Verfassungsrecht, Frankfurt a.M. 1972.

- Bestands- und Entwicklungsgarantien für den öffentlich-rechtlichen Rundfunk in einer dualen Rundfunkordnung. Eine verfassungsrechtliche Untersuchung ihrer Zulässigkeit und Reichweite, Berlin 1988.

- Die parafiskalischen Abgaben im Spannungsfeld von nationalem Recht und europäischem Gemeinschaftsrecht, DStZ/A 1975, 396.

- Aktuelle Rechtsfragen der Rundfunkfinanzierung unter Berücksichtigung rechtsvergleichender und europarechtlicher Aspekte, in: Georg Ress (Hrsg.), Vorträge, Reden und Berichte aus dem Europainstitut, Nr. 166, Saarbrücken 1989, S. 43.

Selmer, Peter/*Brodersen*, Carsten: Die Indexierung der Rundfunkgebühr unter besonderer Berücksichtigung ihrer finanzrechtlichen Problematik, in: Wolfgang Hoffmann-Riem (Hrsg.), Indexierung der Rundfunkgebühr, Baden-Baden, Hamburg 1991, S. 174.

Selmer, Peter/*Gersdorf*, Hubertus: Rechtsprobleme einer Beteiligung privater Rundfunkveranstalter am Aufkommen der Rundfunkgebühr, DVBl. 1992, 79.

Starck, Christian: „Grundversorgung" und Rundfunkfreiheit, NJW 1992, 3257.

Stauffenberg, Franz Ludwig Graf/*Langenfeld*, Christine: Maastricht - ein Fortschritt für Europa, ZRP 1992, 252.

Steimer, Hans-Jürgen: Grundprobleme der Rundfunkfinanzierung - unter besonderer Berücksichtigung der Finanzierung des „Zweiten Deutschen Fernsehens", Mainz 1985.

Stock, Martin: Das Nordrhein-Westfalen-Urteil des Bundesverfassungsgerichts, Media Perspektiven 1991, 133.

Streinz, Rudolf: Europarecht, Heidelberg 1992.

Ulmer, Peter: Programminformationen der Rundfunkanstalten in kartell- und wettbewerbsrechtlicher Sicht, Berlin 1983.

Voß, Peter: Öffentlich-rechtlicher Rundfunk und Mischfinanzierung, Media Perspektiven 1994, 50.

Wagner, Christoph: Konzentrationskontrolle im Medien-Binnenmarkt der EG - Wettbewerbsrechtliche und medienspezifische Ansätze, AfP 1992, 1.

Wallenberg, Giesla von: Art. 92 EWGV, in: Eberhard Grabitz (Hrsg.), Kommentar zum EWG-Vertrag, 5. Ergänzungslieferung, Stand: September 1992, Berlin.

Wenig, Fritz-Harald: Vorbemerkung zu Art. 92-94 und Art. 92 EWGV, in: Hans von der Groeben/Jochen Thiesing/Claus-Dieter Ehlermann, Kommentar zum EWG-Vertrag, Band 2, 4. Auflage, Baden-Baden 1991.

Wieck, Reinhard: Das Wettbewerbsverhältnis von öffentlich-rechtlichen und privaten Rundfunkanbietern, in: Ernst-Joachim Mestmäcker (Hrsg.), Offene Rundfunkordnung. Prinzipien für den Wettbewerb im grenzüberschreitenden Rundfunk, Gütersloh 1988, S. 363.

FSC
www.fsc.org
MIX
Papier | Fördert gute Waldnutzung
FSC® C083411

Kolibri 360 GmbH
Ferdinand-Jühlke-Straße 7
99095 Erfurt, Deutschland
produktsicherheit@kolibri360.de

Druck:
CPI Druckdienstleistungen GmbH
im Auftrag der
Kolibri 360 GmbH
Ferdinand-Jühlke-Str. 7
99095 Erfurt